Ione Buyst

A MISSA

MEMÓRIA DE JESUS NO CORAÇÃO DA VIDA

Dados Internacionais de Catalogação na Publicação (CIP)
(Câmara Brasileira do Livro, SP, Brasil)

Buyst, Ione
    A missa : memória de Jesus no coração da vida / Ione Buyst. – 2. ed. – São Paulo : Paulinas, 2008. – (Coleção celebrar)

   Bibliografia.
   ISBN 978-85-356-1386-5

   1. Igreja Católica - Liturgia   2. Missa - Celebração   I. Título. II. Série.

08-07750   CDD-264.02036

Índice para catálogo sistemático:
1. Missa : Celebração : Cristianismo   264.02036

Direção-geral: *Flávia Reginatto*
Editora responsável: *Noemi Dariva*
Copidesque: *Mônica Elaine G. S. da Costa*
Coordenação de revisão: *Andréia Schweitzer*
Gerente de produção: *Felício Calegaro Neto*
Direção de arte: *Irma Cipriani*
Foto de capa: *Mary Lane*
Editoração eletrônica: *Mariza de Souza Porto*

2ª edição – 2008
1ª reimpressão – 2016

Nenhuma parte desta obra poderá ser reproduzida ou transmitida por qualquer forma e/ou quaisquer meios (eletrônico ou mecânico, incluindo fotocópia e gravação) ou arquivada em qualquer sistema ou banco de dados sem permissão escrita da Editora. Direitos reservados.

Paulinas
Rua Pedro de Toledo, 164
04039-000 – São Paulo – SP (Brasil)
Tel.: (11) 2125-3549 – Fax: (11) 2125-3548
http://www.paulinas.org.br – editora@paulinas.com.br
Telemarketing e SAC: 0800-7010081

© Pia Sociedade Filhas de São Paulo – São Paulo, 2004

Receber a comunhão com este povo sofrido
é fazer a aliança com a causa do oprimido [...].
Celebrar a eucaristia com famintos e humilhados,
com o pobre lavrador sem ter nada no roçado,
é estar em comunhão com Jesus crucificado!

(Canto das CEBs)

Quase já desiludido, alguém veio me avisar
que existe um povo unido, que está querendo lutar.
Grande foi minha surpresa: quanta gente — que beleza
'stavam ao redor da mesa, me chamaram pra entrar.
Todo mundo repartia o seu pão de cada dia;
nesta vida eu quis ficar.

(Canto da Comunidade dos Sofredores de Rua, São Paulo, SP)

SIGLAS USADAS

B.E.M.: *Batismo, Eucaristia, Ministério.* Documento da Comissão de Fé e Constituição do Conselho Mundial de Igrejas, como resultado de sua Conferência de Lima em 1982; editado no Brasil pelo Conic (Conselho Nacional de Igrejas Cristãs), em colaboração com o Cedi (Centro Ecumênico de Documentação e Informação), em 1983, com apresentação de Dom Ivo Lorscheiter e Rev. Zwingli M. Dias. Terceira edição (Conic, Koinonia e Aste).

CEBs: Comunidades eclesiais de base.

CNBB: Conferência Nacional dos Bispos do Brasil.

CONIC: Conselho Nacional de Igrejas Cristãs.

DMCr: Diretório para Missas com Crianças.

DOC. 43: CNBB. *Animação da vida litúrgica no Brasil*, São Paulo, Paulinas, 1989 (Documentos, 43).

HIN: CNBB. *Hinário Litúrgico*, Volumes I, II, III, IV. (Agora também em CD's.)

IELM: Introdução ao Elenco das Leituras da Missa (Encontra-se no início dos *Lecionários*).

IGLH: Instrução Geral sobre a Liturgia das Horas (Encontra-se no início da *Liturgia das Horas*).

IGMR: Instrução Geral sobre o Missal Romano (Encontra-se no início do *Missal Romano*).

ODC: *Ofício Divino das Comunidades*, 12. ed., São Paulo, Paulus, 2002.

SC: *Sacrosanctum Concilium*, Constituição Conciliar sobre a Sagrada Liturgia, 1963.

PREFÁCIO

A Editora apresenta mais um número da coleção Equipe de Liturgia,[1] de autoria de Ione Buyst, intitulado *A missa: memória de Jesus no coração da vida*.

São bem conhecidos e divulgados os outros volumes desta coleção, sendo que o primeiro, *Equipe de Liturgia,* tornou-se um clássico como contribuição fundamental para a Pastoral Litúrgica no Brasil.

Conheço Ione Buyst há mais de vinte anos. Foi uma preciosa colaboradora da Comissão Nacional de Liturgia quando a CNBB ainda se encontrava no Rio de Janeiro. Participou da reunião em que foi composta a Oração Eucarística n. 5. No decurso dos últimos vinte e cinco anos, Ione amadureceu sua visão na liturgia, aprofundando sua ligação com a vida, e chegando a essa definição da missa que colocou como título de sua última obra: *A missa: memória de Jesus no coração da vida*. Definição teológica, enquanto qualifica a missa como "memória" ou "memorial", e definição poética, enquanto fala no coração da vida. Para ela "o coração da vida" é muito grande: abrange os sem-terra, os sem-teto, os sofredores de rua, aos quais se dedicou em São Paulo, como abrange também as comunidades, os jovens, as famílias felizes etc. A missa, segundo Ione, nunca deve ser alienada da realidade social.

O leitor talvez se assuste, uma ou outra vez, com algumas perspectivas de Ione. Ela assimilou, como liturgista que é, a reforma da missa feita por Paulo VI à luz do Concílio Vaticano II; assimilou não

---

[1] As primeiras edições foram publicadas pela editora Vozes. Agora Paulinas lança-o na coleção Celebrar. Cf., na p. 2, outros títulos publicados pela autora, e também *Liturgia, de coração*, publicado pela Paulus, 2003.

apenas a letra, que ela conhece muito bem, mas sobretudo o espírito. Penso que a Igreja vai caminhar na direção de muitas intuições de Ione, não tão rapidamente como ela desejaria — e eu também —, mas lá chegará a seu tempo. É assim que ela sai do campo estrito da liturgia e entra no da pastoral, quando fala da necessidade de cada comunidade ter seu presbítero para a celebração da eucaristia. Quanta coisa ainda precisa ser modificada na Igreja!

Sua abertura ecumênica é maior do que a minha. Eu nunca diria que é bom que haja muitas Igrejas, pois acho que é mau. Mas também não vejo razão de negar a comunhão eucarística a um cristão autêntico que crê na presença real de Cristo na eucaristia, como aconteceu em plena Conferência Latino-americana de Puebla, quando o arcebispo Hamer, mais tarde cardeal, secretário da Congregação para a Doutrina da Fé, proibiu o pastor Roger Schutz, de Taizé, de receber a comunhão. O pobre homem desabafou comigo, num grande sofrimento; e como, sobretudo aos domingos, não podia passar sem a eucaristia, saía para comungar ocultamente em alguma igreja de Puebla. Para a felicidade de Roger Schutz e nossa, o terrível secretário da fé, Hamer, regressou a Roma antes do fim da Conferência. Então o cardeal Baggio, presidente da Conferência, homem inteligente e com o "jogo de cintura" dos italianos, deu licença a Roger Schutz de comungar... na sacristia. A fé e a humildade de Roger Schutz eram tão grandes que aceitou.

Ione reage, a meu ver com razão, contra certas incoerências de nosso proceder litúrgico. É sabida a dificuldade que existe em modificar costumes enraizados. Mas é preciso começar, como se fez na catedral de Duque de Caxias (RJ), onde nas missas dominicais, cada uma com setecentos ou oitocentos participantes, a comunhão é distribuída sob as duas espécies, sob a forma de intinção, sem nenhum inconveniente. É verdade que o formato do templo não permite eliminar as filas de que Ione não gosta, mas um grande pão ázimo permite a bom grupo participar da comunhão com aspecto de comida. Melhor ainda vi, em Curitiba (PR), no Mosteiro Beneditino do Encontro, onde concelebrei com oito sacerdotes e consagramos três pães eucarísticos preparados pelas Irmãs, bem como três grandes cálices de vinho, que foram suficientes para quase cem pessoas comerem o corpo e beberem o sangue do Senhor. Para minha surpresa, todos beberam do mesmo cálice, sem dificuldade! Eu nunca tinha visto isso.

Não é objetivo do prefácio analisar tudo o que é dito na obra prefaciada. Desejo, porém, acrescentar que Ione não é apenas uma pessoa de profunda sensibilidade litúrgica, não é só uma conhecedora que percebe e saboreia o conjunto e as partes da missa, mas uma consagrada que desce ao âmago dos textos da liturgia, como ensina a fazer no n. 16: "Leitura orante da Bíblia na liturgia", p. 60.

Este livro de Ione deve ser lido especialmente pelos bispos e padres, para que cada um faça seu exame de consciência acerca da maneira como está celebrando a eucaristia. Seria o "ver". Depois, que cada um, bispo ou padre, reflita sobre o que deve mudar em seu modo de celebrar. É o "julgar". E, finalmente, que cada um resolva modificar na prática o que é preciso. É o "agir".

Penso que, escrevendo este livro, Ione prestou grande serviço à causa da liturgia no Brasil; e, trinta anos depois do Concílio, vencendo o esquecimento a que alguns o querem relegar, ela faz tremular a bandeira da renovação conciliar. Com efeito, o Concílio tem uma letra e um espírito. A letra está fixada em seus documentos. O espírito deve inspirar a caminhada da Igreja.

† *Clemente José Carlos Isnard, osb*
Bispo emérito de Nova Friburgo (RJ)
Rio de Janeiro, 1997

INTRODUÇÃO
À PRIMEIRA EDIÇÃO DE 1997

A missa é a celebração central de nossa fé, centro e raiz da vida de qualquer comunidade cristã, em qualquer tempo, em qualquer Igreja. Os irmãos ortodoxos costumam chamá-la de *divina liturgia*; os irmãos da reforma protestante falam da *ceia do Senhor*. Nós, católicos, continuamos dizendo "missa", embora tenha havido um esforço com a renovação litúrgica do Concílio Vaticano II para falar de *celebração eucarística*, ou *celebração da eucaristia*.

O que há de novo?

Muito já se escreveu sobre a missa. E nenhum livro consegue abranger realidade tão complexa. O que a presente publicação procura trazer de novo sobre o assunto? Qual será o enfoque trabalhado?

a) Antes de mais nada, quero levar a sério a *dimensão eclesial* da celebração eucarística, ou seja, o fato de ela ser uma ação da comunidade eclesial, ação de todo o povo santo. É expressão, centro e raiz de toda a vida e missão da Igreja. A cada domingo, a comunidade se reúne em torno do Ressuscitado e vai assim crescendo no discipulado de Jesus. Ano após ano, acompanha o Cristo na sua caminhada e amadurece na comunhão e na missão.

b) Priorizo a ação, a *ação simbólico-ritual*, feita com o corpo. A realidade espiritual passa pelo corpo, pelos sentidos. Os sacramentos, assim como toda a liturgia, são feitos de sinais sensíveis (cf. SC 7).

c) Quero levar a sério ainda a *dimensão latino-americana da fé*, acontecendo principalmente nas comunidades eclesiais de base. É caracterizada por sua ligação de fé e vida, acreditando que a salvação acontece na realidade social do continente. Fez sua opção pelos pobres e excluídos. Insiste na comunhão e na participação. Busca a inculturação.

d) Finalmente, o assunto será abordado *a partir das equipes de liturgia ou equipes de celebração*, lembrando que o presidente da celebração eucarística faz parte dessa equipe. Considero também os ministros do canto e da música parte integrante das equipes de liturgia ou de celebração, ainda que, às vezes, formem no interior delas como que um subgrupo.

Considero os membros das equipes responsáveis pelo importante ministério que exercem, e não como "tarefeiros", executores de decisões tomadas por outros (o padre, o coordenador ou a coordenadora...). Por isso, e para facilitar essa importante tarefa, serão levados em conta, ao mesmo tempo, *os pontos de vista teológico, espiritual, ritual e prático-pastoral*. A eucaristia não será tratada como que olhando "de fora", mas a partir "de dentro", a partir da experiência de quem participa.

Cada capítulo terminará com *uma série de perguntas para ajudar cada equipe a analisar sua própria prática*. Portanto, a melhor maneira para tirar proveito desse texto é fazer dele um estudo em grupo, nas reuniões da equipe. Uma leitura individual poderá preparar ou prolongar o trabalho em comum.

Ritos, agrupados como se fossem letras formando palavras...

O mais difícil é percebermos que na missa não se trata de uma série de ritos simplesmente em seqüência: agora isso, depois aquilo. Os ritos formam conjuntos maiores, com um determinado significado, com um determinado objetivo. São como letras formando palavras, formando frases, dizendo alguma coisa. Realizam a ação de Deus em nós e nos ajudam a nos expressar diante de Deus.

Aos "conjuntos" maiores nos quais podemos agrupar os ritos da missa correspondem *atitudes espirituais* que os ritos pretendem suscitar ou deixar aflorar:

- Os ritos iniciais servem para reunir, acolher, religar.
- A liturgia da Palavra é diálogo, proposta e resposta, contrato e compromisso entre os parceiros da Aliança; é diálogo amoroso, um conhecer-se mutuamente ao longo de toda uma vida, ao longo de toda a história da humanidade; leva-nos a conhecer, admirar, adorar, contemplar, agir.
- A liturgia eucarística é memorial da Páscoa de Jesus. Traz presente aqui e agora, atualiza, faz acontecer sacramentalmente, em mistério, o sacrifício redentor, a entrega total de Jesus Cristo ao Pai e a resposta salvadora do Pai que ressuscita seu Filho, tirando-o da morte e da humilhação. Por isso, a eucaristia é refeição sagrada de gratidão e louvor pascal; é oferta, oblação, entrega total de nossas vidas, unidas à oferta de Jesus Cristo ao Pai; é entrega mútua e participação na vida do Cristo Ressuscitado, na unidade do Espírito Santo; é antecipação da vinda do Reino e súplica para que se realize logo; é renovação de nossa esperança e força na caminhada.
- Os ritos finais significam a volta à missão, ao cotidiano, à prática.

Não há duas missas iguais...

De que modo escrever sobre a missa que será celebrada em *circunstâncias tão diversas, com grupos e pessoas das mais variadas*?! Uma missa na periferia ou na zona rural não pode ser celebrada da mesma maneira que uma missa na catedral. Uma missa numa comunidade que luta por terra, moradia, cidadania etc. será bem diferente de uma missa com católicos tradicionais que a têm como única "prática". Uma missa numa assembléia em que a maioria é jovem terá outro estilo em relação a uma assembléia com pessoas mais idosas.

Nunca é demais lembrar que a primeira preocupação de quem se responsabiliza pela organização de uma celebração é pensar nas pessoas, nos participantes. É preciso conhecer suas motivações, suas vivências e preocupações, sua história, sua cultura, sua fé, sua piedade. Tudo isso um livro não é capaz de fazer. Sempre se escreve a partir de determinadas realidades, sempre limitadas. Por isso, ao estudar este livro, tenham sempre um olho no papel e outro na realidade de sua própria comunidade, paróquia ou região!

Ainda vale a pena?!...

Talvez alguém esteja pensando: será que vale a pena escrever sobre a missa e nos preocupar com ela? É uma minoria que participa! Em muitos lugares, as igrejas estão se esvaziando. De fato, esse fenômeno pode nos desanimar. Mas pode significar também um apelo para sair da rotina e buscar soluções. Será que não deveríamos estar mais preocupados com a *qualidade* das nossas celebrações e menos com o número de participantes? De qualquer modo, mesmo se ficarmos em número bem reduzido, vale o mandamento do Senhor: "Façam isso para celebrar a minha memória".

"Comunidades sem padre"

Há outro problema ainda: para celebrar a eucaristia, as comunidades dependem de padre. E os padres continuam mais presentes nos centros da cidade, nas regiões mais "desenvolvidas" do país. As pessoas que vêm à missa nem sempre estão engajadas na vida comunitária e na missão e, assim, a missa perde sua dimensão comunitária, eclesial e missionária.

Enquanto isso, comunidades situadas na zona rural ou nas periferias das grandes cidades são impedidas de celebrar a missa regularmente, porque "não têm padre". Sofrem com isso. Mesmo nas poucas oportunidades em que "o padre pode vir", é muitas vezes alguém de fora, alguém que não acompanha e coordena a vida da comunidade, alguém que não fala a mesma linguagem. É alguém que "só vem para celebrar". Isso contradiz o sentido mais profundo da eucaristia na sua relação com a vida comunitária: o normal seria *que a presidência da eucaristia fosse confiada a quem de fato coordena a comunidade*, a quem de fato assume o serviço de Cristo-Cabeça na comunidade que é toda ela Corpo de Cristo. Algumas comunidades procuram solucionar o problema fazendo uma celebração da Palavra completada com um tipo de ceia do Senhor. Muitas pessoas até dizem: "Isto para nós aqui é nossa missa. Para nós é a mesma coisa". Não estaria na hora de se reconhecer com urgência esse problema e ordenar, em cada comunidade organizada, as lideranças já existentes, possibilitando assim que se celebre a eucaristia a cada domingo?

Celebração ecumênica?

E a questão ecumênica? Está crescendo o número de comunidades sensíveis à divisão entre os cristãos. Por motivo de divergências teológicas, Igrejas cristãs se negam a celebrar a eucaristia juntas. Mas a eucaristia é justamente o sacramento da unidade deixado por Cristo! São Paulo, embora em outro contexto, argumenta com a comunidade de Corinto: "O cálice de bênção que abençoamos não é comunhão com o sangue de Cristo? O pão que partimos não é comunhão com o corpo de Cristo? Já que há um único pão, nós, embora muitos, somos um só corpo, visto que todos participamos deste único pão" (1Cor 10,16-17). Em Cristo já estamos unidos; *a unidade já existe no único Senhor, no único batismo, na mesma fé que é dom de Deus no mesmo Espírito* (cf. Ef 4,1-6). Como poderemos continuar negando uns aos outros a participação na mesa do Senhor que expressa e faz crescer essa unidade como dom do Senhor?! É um desafio que devemos considerar com seriedade. É preciso pelo menos conhecer e estudar o documento ecumênico *Batismo, Eucaristia, Ministério* e o roteiro para a liturgia eucarística redigido pela Comissão de Fé e Constituição do Conselho Mundial de Igrejas, como resultado de sua Conferência de Lima em 1982. Trataremos dessa "Liturgia eucarística de Lima" (como costuma ser chamada) no capítulo 7.

Acolher a diversidade?

Pensando bem, teremos de encarar um problema mais complicado ainda: *como celebrar a eucaristia numa sociedade cada vez mais pluralista*, na qual cada pessoa vai como que criando sua própria religião, pegando um pouco daqui e dali. Na prática isso já está acontecendo há muito tempo. Há pessoas que vem à missa, mas que freqüentam também outros cultos, outros ritos, cultivam outras crenças e outros valores... Na opinião delas, não existe oposição. Acham que ajuda, que complementa. Mesmo insistindo na identidade cristã e católica com os grupos mais chegados, será que não deveremos tomar atitudes de maior abertura e acolhimento com os tantos "outros" que não se enquadram muito em nossos esquemas teológicos e pastorais?

Missas irradiadas e televisionadas

E as missas de rádio e televisão, o que pensar delas? Pessoas que moram afastadas, ou que não podem ir à igreja por motivo de doença ou de idade, consideram-nas uma bênção de Deus. "Assisto missa em casa." Sim, mas esta não substitui a reunião da comunidade. Sempre que possível, temos de dar preferência à reunião com os irmãos. Mais vale reunir-se em comunidade para uma celebração da Palavra ou um ofício divino do que assistir à missa pelo rádio ou pela televisão. Por quê? O que vemos na televisão é apenas uma fotografia da celebração.

Os dois sinais principais que constituem a missa, com o louvor e a ação de graças, são a reunião da comunidade e o fato de comer e beber juntos da mesa do Senhor. Somente participando "ao vivo", estando presente, é que tenho oportunidade de comungar, não só do pão e do vinho, mas também do corpo vivo do Senhor que é a comunidade. Celebramos corpo a corpo, olhos nos olhos, mãos unidas, com uma só alma e um só coração.

O esquema do livro

De que maneira está "construído" este livro? Há uma primeira parte falando da missa de modo geral, com o título *Participem com o corpo, a mente e o coração*. Seguem quatro partes tratando em seqüência: dos ritos iniciais, da liturgia da Palavra, da liturgia eucarística, dos ritos finais. Por fim, encontrarão uma parte sobre a liturgia eucarística ecumênica.

Cada parte consta de capítulos breves (58 ao todo), terminando com uma pergunta ou uma tarefa para uso nas reuniões das equipes.

No final de cada parte, há um *quadro* com o esquema (elementos e estrutura) da parte correspondente da missa e uma série de *lembretes* falando de coisas bem práticas.

Finalizando

Só me resta agora desejar um bom trabalho a todos. Que, por meio do esforço de todos e todas, o Reino de Deus possa crescer entre nós.

INTRODUÇÃO À EDIÇÃO DE 2004

Sete anos se passaram desde a primeira publicação deste livro, em 1997, em outra editora, na qual foi reeditado cinco vezes. Para a atual edição na Paulinas Editora não foram feitas grandes mudanças; apenas pequenas correções e complementações, com a inserção de algumas notas de rodapé e um anexo.

No lugar da lista de documentos oficiais e indicação de leituras das edições anteriores, quero, sim, apresentar de forma sucinta alguns novos documentos e estudos sobre a missa (disponíveis em português), que merecem nossa atenção para maiores aprofundamentos:

1. A *IGMR (Instrução Geral sobre o Missal Romano)* recebeu em 2002 uma terceira edição, com inúmeras modificações e com nova numeração. O texto se encontra, com *As Normas Universais sobre o Ano Litúrgico e o Calendário*, em: *As Introduções Gerais dos Livros Litúrgicos*, Paulus, 2003, pp. 91-225. O novo Missal Romano que deverá incorporar as novas orientações certamente levará mais alguns anos antes de ser publicado. Frei Alberto Beckhäuser aponta e comenta as modificações em seu livro *Novas mudanças na missa* (Petrópolis, Vozes, 2002) e diz a respeito:

> De modo geral, o novo documento mantém os princípios do Missal Romano anterior. Trata-se antes de incorporar à legislação já existente acréscimos, insistências, pequenas mudanças, especificações que permitem esclarecer ou enfatizar alguns conceitos, bem como o sentido de alguns ritos e, a meu ver, de algumas restrições e retrocessos, à luz de uma compreensão um tanto legalista da Sagrada Liturgia (pp. 8-9).

2. A *Introdução ao Elenco das Leituras da Missa,* com a ordem das leituras da missa, encontra-se agora nas primeiras páginas do *Lecionário.* Esta havia sido publicada anteriormente como *A Palavra de Deus na missa* (São Paulo, Paulinas, 1985). Tal Introdução (assim como a publicação do *Lecionário*) é de grande importância, desde que o Concílio Vaticano II restabeleceu a liturgia da Palavra como parte integrante da missa, formando com a liturgia eucarística um só ato de culto (SC 56). Recuperou ainda o salmo responsorial, a homilia e a oração dos fiéis que haviam sido esquecidos ao longo da história. A cada celebração da missa, a liturgia da Palavra nos faz compreender, celebrar e viver a eucaristia de modo novo e surpreendente.

Para facilitar o canto do salmo, assim como dos outros cantos da missa nas assembléias litúrgicas, a CNBB publicou em CD's os quatro fascículos do *Hinário Litúrgico.*

3. Um outro documento ainda nos ajuda na interpretação das leituras bíblicas na missa: PONTIFÍCIA COMISSÃO BÍBLICA. *A interpretação da Bíblia na Igreja*: discurso de Sua Santidade o papa João Paulo II e documento da Pontifícia Comissão Bíblica. 2. ed. São Paulo, Paulinas, 1994.

Também foram publicados alguns livros que nos ajudam a aprofundar o sentido da liturgia da Palavra para melhor celebrá-la: MALDONADO, Luis. *A homilia:* pregação, liturgia, comunidade. São Paulo, Paulus, 1997; DEISS, Lucien. *A Palavra de Deus celebrada:* teologia da celebração da Palavra de Deus. Petrópolis, Vozes, 1998; e três livretos de minha autoria, pela Paulinas Editora, na coleção Rede Celebra, todos já na 5ª edição: *A Palavra de Deus na liturgia; O ministério de leitores e salmistas; Homilia, partilha da Palavra.*

4. Em 1998, o papa João Paulo II escreveu a Carta Apostólica *Dies Domini, sobre a santificação do domingo.* Tal carta aprofunda o sentido do domingo como dia do Senhor, dia do Cristo, dia da Igreja, dia do ser humano, dia dos dias. É festa primordial que revela o sentido do tempo. Fala ainda da assembléia eucarística como "alma do domingo" para a comunidade eclesial.

Embora destinado às celebrações dominicais da Palavra, o *Dia do Senhor, guia para as celebrações das comunidades*,[1] da autoria de Marcelo Guimarães e Penha Carpanedo, contém preciosos textos e sugestões para ajudar a tornar a missa dominical uma verdadeira "festa primordial" e uma fonte de crescimento espiritual.

5. Em 2003, João Paulo II enviou aos presbíteros a Carta Encíclica *Ecclesia de Eucharistia — A Igreja vive da Eucaristia*, sobre a eucaristia na sua relação com a Igreja. Partilha aí sua própria experiência e dá um testemunho pessoal. Situa a Igreja claramente em relação com o mistério pascal: ela nasce do mistério pascal e se alimenta e cresce ao celebrar a eucaristia, que é o sacramento por excelência do mistério pascal. (Vejam principalmente os nn. 1 a 5, 11 a 20.) O objetivo do Papa é despertar o "enlevo"[2] eucarístico (nn. 5 e 6). Ao mesmo tempo, expressa grande preocupação com os abusos e insiste nas exigências para poder participar desse sacramento.

6. Um outro documento da Igreja Romana é considerado de grande importância ecumênica e litúrgica:[3] *Notas e orientações do Conselho Pontifical para a Promoção da Unidade dos Cristãos,* Roma, 25 de outubro de 2001. À primeira vista, não nos atinge, porque trata da intercomunhão, em casos de necessidade, entre duas Igrejas orientais. Acontece que no centro da questão está a aceitação como válida de uma oração eucarística das mais antigas (século II ou III), na qual não consta explicitamente a narrativa da instituição ("Na noite em que ia ser entregue, Jesus tomou o pão..."), que encontramos em todas as orações eucarísticas até agora aprovadas por Roma. Trata-se da chamada "Anáfora de Addai e Mara". Atualmente ainda é usada no Iraque, por

---

[1] São Paulo, Apostolado Litúrgico/Paulinas; vários volumes, acompanhando os tempos do ano litúrgico.

[2] O dicionário "Aurélio" traduz por "encanto, deleite; êxtase, arroubamento, arroubo". Eu diria que é o contrário de desencanto, aborrecimento, aversão, tédio... De fato, como seria bom que as missas fossem sempre celebradas de tal forma que nos encantem, nos causem prazer espiritual, elevem nosso coração ao alto...

[3] Vejam: ÁLVAREZ, Luís Fernando. La Anáfora de Addai y Mara, verdadera plegaria eucarística, In: *Phase*, 257, 2003. pp. 409-417; também em GIRAUDO, Cesare. *Num só Corpo*: tratado mistagógico sobre a eucaristia. São Paulo, Loyola, 2003. pp. 340-348.

cerca de 300 mil cristãos que formam a Igreja Católica patriarcal Caldea, fundada por Addai e Mara, dois discípulos do apóstolo são Tomé. Qual a importância para nós do reconhecimento oficial dessa oração eucarística? Confirma a importância de se considerar a narrativa da instituição (narrativa da última ceia) *no conjunto da oração eucarística*, e não como uma peça à parte, destacada do resto (com tom de voz mais solene, com sinais de devoção), como se realizasse por si só a presença memorial do Senhor.

7. No Brasil, a CNBB não deixou passar desapercebidos os quarenta anos da Sacrosanctum Concilium: lançou uma edição popular e didática desse documento conciliar sobre a Sagrada Liturgia, realizou inúmeros encontros regionais e um grande seminário em âmbito nacional. Os textos e os resultados da troca de idéias foram editados como *A Sagrada Liturgia, 40 anos depois* (São Paulo, Paulus, 2003; Estudos da CNBB, 87). Tratando da liturgia como um todo, oferece-nos preciosos ensinamentos sobre a eucaristia, que é a celebração central, a máxima expressão ritual de nossa fé.

A *Revista de Liturgia* (São Paulo, Apostolado Litúrgico) acompanhou tais comemorações com artigos sobre a *Sacrosanctum Concilium* ao longo de 2003. (Vejam, entre outros, o artigo sobre a eucaristia na renovação conciliar: Ione Buyst, Eucaristia: uma nova prática e uma nova teologia. In: *Revista de Liturgia*, São Paulo, n. 172, jul./ago. 2003, que ora retomamos em anexo no final deste livro.)

8. Em relação ao ecumenismo, é importante notar a publicação do *Guia Ecumênico*: *informações, normas e diretrizes sobre ecumenismo*, em sua 3ª edição (São Paulo, Paulus, 2003, Col. Estudos da CNBB, 21), atualizado por padre Jesus Hortal. (Vejam principalmente o verbete "eucaristia", referente ao assunto desse livro.)

Continua valendo o B.E.M. (*Batismo, Eucaristia, Ministério*), documento amadurecido em longo diálogo entre as Igrejas cristãs, inclusive a Católica, e agora em sua 3ª edição, pelo Conic. No último capítulo desse livro será possível encontrar mais informações.

9. Ao celebrarmos a eucaristia, devemos levar em conta o Documento 71 da CNBB, *Diretrizes gerais da ação evangelizadora da Igreja no Brasil, 2003-2006* (São Paulo, Paulinas, 2003). O ministério da liturgia (explicitado nos nn. 26-36) encontra-se intimamente ligado à missão evangelizadora, não como algo à parte. Por isso, deveremos fazer uma boa revisão de nossa maneira de celebrar a eucaristia a partir das propostas de *todo* esse documento. A título de exemplo:

a) No n. 105 lemos:

> Para que as comunidades possam ser lugar de "comunhão e participação" e, por isso mesmo, de valorização da pessoa, algumas atitudes são necessárias: a) cuidar para que, em suas manifestações, especialmente na liturgia, e em suas estruturas visíveis, a Igreja se revele verdadeiramente *comunidade fraterna, onde as diferentes vocações não escondam a igual dignidade de todos os fiéis* nem desestimulem a participação ativa de todos [...].

b) Falando da construção de uma sociedade solidária, o n. 199 afirma: "... uma comunidade insensível às necessidades dos irmãos e à luta para vencer a injustiça é um contratestemunho e celebra indignamente a própria liturgia".

Como fazer isso nas celebrações eucarísticas? O mesmo Documento 71, na p. 25, nota 28, lembra-nos que o Documento 43, *Animação da vida litúrgica no Brasil*, "conserva sua validade substancial e, com outros subsídios para as celebrações dominicais, oferecidos periodicamente pela CNBB desde dezembro de 1996, pode ajudar grandemente a nossa pastoral litúrgica". Está aí o convite para retomarmos regularmente o Documento 43 (cuja segunda parte trata da celebração eucarística) e aproveitar os preciosos subsídios para preparação das celebrações litúrgicas ao longo do ano.

Por causa da presença de muitas crianças em nossas celebrações, é bom lembrar a existência de outro documento: *Diretório para missas com crianças*, publicado na segunda parte do Documento 11 da CNBB, *Diretório para missas com grupos populares*. Ainda é pouco conhecido e posto em prática.

10. Além dos documentos oficiais da Igreja, quero lembrar cinco estudos sobre a eucaristia:

1) GIRAUDO, Cesare. *Num só Corpo*: tratado mistagógico sobre a eucaristia, São Paulo, Loyola, 2003, 619 pp. tradução de Francisco Taborda, sj. Como o subtítulo já diz: o autor trata da eucaristia, não mais com o método clássico da escolástica, mas com o método mistagógico da patrística: parte da própria celebração litúrgica da comunidade, dos ritos e textos litúrgicos (no caso, principalmente das orações eucarísticas, tanto do Oriente quanto do Ocidente), para buscar o sentido teológico e nos fazer adentrar o mistério da eucaristia.

2) Do mesmo autor e tradutor, um texto mais simples, acessível a um público maior, sintetiza o estudo anterior: *Redescobrindo a eucaristia,* São Paulo, Loyola, 2002, 83 pp., com a mesma metodologia mistagógica, aprofundando a eucaristia "em igreja", a partir do lugar e do momento da própria celebração.

3) O livro de J. Aldazábal, *A eucaristia,* Petrópolis, Vozes, 2002, é um manual e, como tal, "oferece uma visão global dos diversos aspectos que devem ser estudados na teologia cristã" (Introdução do livro, p. 16). O autor retoma o mesmo texto já publicado em BOROBIO, D. (org.). *A celebração na Igreja,* v. 2, Sacramentos. São Paulo, Loyola, 1990, pp. 143-357, agora revisto e ampliado.

4) Para uma análise dos textos bíblicos sobre a eucaristia, vejam também: LÉON-DUFOUR, Xavier. *O partir do pão eucarístico segundo o Novo Testamento.* São Paulo, Loyola, 1984. Esse livro continua sendo referência para muitos estudiosos da eucaristia (por exemplo, Enrico Mazza, David Power, J. Aldazábal).

5) Scott HAHN, professor de teologia e Sagrada Escritura, e pastor protestante calvinista nos EUA que aderiu à Igreja Católica romana, escreveu *O banquete do Cordeiro: a missa segundo um convertido* (São Paulo, Loyola, 2. ed., 2003). O ponto de partida foi sua descoberta espantosa e luminosa: ao assistir e observar furtivamente uma missa católica, deu-se conta de que nela acontece exatamente o que vem des-

crito no Apocalipse e de que a melhor chave para compreendê-lo é a celebração da eucaristia. Na missa abre-se uma porta no céu e nos tornamos participantes do drama que se desenrola aí e que culmina no louvor e no banquete das bodas do "Cordeiro", o único capaz de salvar a humanidade. Daí o subtítulo no original inglês: "The Mass as Heaven on Earth" [A missa como o céu na terra] (mais interessante, diga-se de passagem, que o subtítulo na edição brasileira). Numa linguagem quase jornalística, mas profundamente ancorada nas sagradas escrituras e na patrística, o autor nos faz participantes de sua descoberta e nos abre para uma visão mística e escatológica da eucaristia. É um ótimo "remédio" contra a rotina, o formalismo, o tédio... com que muitas pessoas encaram a missa.

I. B., janeiro de 2004.

1

PARTICIPEM COM O CORPO, A MENTE E O CORAÇÃO

1. A missa hoje na América Latina e no Brasil

Ao longo de vinte séculos de história das comunidades cristãs, a missa já teve muitas formas e muitos estilos; as várias épocas e as várias Igrejas locais foram celebrando e interpretando a ceia do Senhor a partir de sua maneira própria de viver a fé, dando um colorido diferente à prática celebrativa, à teologia e à espiritualidade da eucaristia. Aqui não cabe um estudo histórico. Vamos apenas lembrar *algumas características* da celebração e compreensão da missa que foram surgindo entre nós nos últimos trinta anos: a) na renovação do Concílio Vaticano II; b) na Igreja latino-americana, que se expressou principalmente através dos documentos de Medellín, Puebla e Santo Domingo; c) na maneira própria como celebramos a missa no Brasil, e que recebeu um aval oficial da CNBB no Documento 43, *Animação da vida litúrgica no Brasil* (vejam principalmente a segunda parte do documento, que trata com pormenores da celebração eucarística).

a) A renovação conciliar (vejam principalmente SC e IGMR) nos fez redescobrir, entre outros: o sacerdócio de todos os batizados;

a liturgia como celebração eclesial (ação de todo o povo santo, centro e raiz de toda a vida e missão da comunidade eclesial); a eucaristia como memória de Jesus (celebração do mistério pascal, assim como toda a liturgia); o valor sacramental da Palavra de Deus; a importância do domingo, como páscoa semanal... Os discípulos de Jesus se reúnem ao redor da mesa do Senhor para ouvir sua Palavra, comer e beber juntos o Pão e o Vinho, e participar de sua Páscoa.

b) A Igreja latino-americana tem sua atenção voltada para a transformação libertadora do continente. Fez opção pelos pobres e excluídos. Busca inculturar a mensagem evangélica. Insiste na ligação entre liturgia e vida, na unidade vital entre fé, vida e celebração. Vê a liturgia como gesto profético do Reino, como uma antecipação festiva. Celebra em pequenas comunidades. Descentraliza e diversifica os ministérios. Valoriza o jeito de celebrar dos indígenas, dos negros, dos jovens. Voltou a valorizar as expressões religiosas do povo, a chamada "piedade popular".

c) No Brasil, damos atenção ao mistério pascal acontecendo na vida cotidiana e social, e que pede para ser expresso na celebração litúrgica. Temos buscado um modo menos formal de celebrar e uma participação maior de todos os presentes. Insistimos no uso do diálogo, da música, da dança. Ultimamente nos tornamos mais sensíveis à ecologia e aos elementos da natureza na liturgia.

Para a reunião da equipe

Até que ponto nossa comunidade acompanhou os vários passos da renovação litúrgica? Em que pé estamos? O que falta fazer?

2. A missa nas CEBs

As comunidades eclesiais de base vivem de maneira muito profunda e ao mesmo tempo muito simples a ligação entre fé e vida.

O mistério pascal de Jesus Cristo celebrado na liturgia, ou seja, o mistério de sua morte–ressurreição, o mistério de seu rebaixamento e elevação, é vivido no dia-a-dia, tanto individual como comunitariamente. Os sofrimentos da vida, as lutas por casa, trabalho, terra, saúde... enfim, por melhores condições de vida e por participação na organização da sociedade, as pequenas vitórias, e também as derrotas, são prolongamento da paixão, morte e ressurreição de Jesus. É o Cristo que continua sofrendo, morrendo e dando a volta por cima na vida do povo. O Espírito do Cristo Ressuscitado, que anima as comunidades, dá força e alegria até mesmo no sofrimento; ele não deixa a esperança morrer. O Cristo Ressuscitado com o seu Espírito e as comunidades estão identificados um com o outro; formam uma só coisa. Daí a expressão usada no Documento 43 da CNBB, no item 300: "Páscoa de Cristo na Páscoa da gente, Páscoa da gente na Páscoa de Cristo".

Nas celebrações, toda essa vida e essa fé vivida no dia-a-dia vêm sendo expressas, de maneira muito viva e participativa, nos cantos, na partilha da Palavra, na acolhida dos irmãos e irmãs, nos símbolos e ações simbólicas... Infelizmente, quando o padre vem para celebrar a missa, muitas vezes o estilo característico das celebrações nas comunidades é interrompido. A missa é realizada de maneira muito formal e centralizada no padre. Algumas comunidades nem mesmo preparam a celebração, porque esperam o padre chegar para saber como vai ser, como o padre vai querer que seja a missa naquele dia. É como se a missa não pertencesse à comunidade, mas ao padre... Não deveria ser o inverso? Não deveria ser o padre que pergunta: "Como será a celebração? O que vocês prepararam? O que vocês querem que eu faça? As comunidades deveriam preparar normalmente a celebração da missa a partir de sua realidade e com seu modo de celebrar, e combinar os detalhes com o padre na hora em que ele chegar. Se houver possibilidade de contato com o padre durante a semana, alguém poderá informar o que ficou decidido na reunião. O ideal seria que padre e equipe de liturgia preparassem a celebração juntos, mas sabemos que isto só é possível em raríssimas exceções.

É importante que a celebração da missa nas comunidades seja no mesmo estilo de suas celebrações costumeiras, quando o padre não está: com a mesma espontaneidade, com a diversidade de ministérios, com a participação de todos na partilha da Palavra de Deus, nas preces, nos vários serviços litúrgicos. É essencial que as pessoas acostumadas a coordenar a celebração assumam seu lugar e suas tarefas com o padre, para que a assembléia litúrgica seja um retrato fiel da Igreja que somos: Igreja comunitária, toda ela ministerial e missionária. É importante também que o povo tenha oportunidade de expressar sua vida, suas preocupações, suas esperanças, sua organização... que nada mais são do que o mistério de Cristo, o mistério de sua morte–ressurreição — o mistério da fé! — vivido no dia-a-dia. Afinal, se Cristo se identifica com este povo, anunciar a morte dele e proclamar sua ressurreição, no coração da celebração eucarística, requer anunciar também as mortes do povo e suas vitórias.

Para a reunião da equipe

Quando o padre vem para celebrar a missa na comunidade, temos conseguido manter nosso estilo celebrativo comunitário, informal, ligando fé e vida? Sim? Não? Por quê?

3. Um novo olhar

A missa não é uma reza; é um encontro. É um trabalho comunitário e tem tudo a ver com nossa vida pessoal e social. Não pode mais ser feita pelo padre para o povo assistir; todos somos chamados a participar. A missa não pode ficar alheia aos acontecimentos da vida, à realidade pessoal, social e política; é expressão da presença dinâmica do Cristo Ressuscitado e do Espírito vivificador de Deus que está presente em tudo e que renova todas as coisas.

No entanto... bem, na realidade, a teoria é outra. Muitas missas continuam sendo rezadas em vez de celebradas. Em muitos lugares, o padre continua dizendo a "sua" missa de antigamente. Os fatos da vida poucas vezes são mencionados e levados em conta. É como se, quarenta anos atrás, não tivesse acontecido o Concílio Vaticano II, como se a reforma litúrgica não tivesse passado pelo Brasil e como se a missa, centro de nossa fé e de nossa vida, pudesse ficar inalterada e alheia à realidade da Igreja e da sociedade, que muito mudou nestes últimos anos.

A proposta é olharmos a missa com novos olhos, buscando uma compreensão renovada e sobretudo uma prática celebrativa e uma vivência espiritual renovadas. O ponto de partida será aquilo que nós *fazemos* na missa: a ação, o rito, o corpo se expressando, dentro do contexto da vida diária, da vida pessoal e social. A partir daí tentaremos esboçar o significado que sustenta essa ação e a atitude espiritual que ela supõe e suscita. (Muitos livros e cursos fazem o contrário ao estudar a missa: partem do sentido, para depois, se der tempo, lembrar como a celebramos; quanto à espiritualidade, esta costuma ser buscada em outras fontes, fora da celebração.)

Para a reunião da equipe

Que sentido tem a missa para cada participante desta equipe? E para nossos familiares, amigos e amigas, companheiros e companheiras... que sentido tem?

4. A missa, uma ação simbólica

A missa, como toda a liturgia, é uma ação simbólica, ritual. Jesus deixou uma ação simbólica, para que a realizemos sempre de novo, fazendo memória dele: "Façam isso para celebrar a minha memória...".

Mas o que é uma *ação simbólica*? Comecemos dizendo que é diferente da ação funcional. Um exemplo pode deixar isso bem claro: um cafezinho servido no bar geralmente não passa de uma ação funcional: a pessoa que serve enche a xícara e a coloca diante do freguês, em troca do dinheiro. Não existe nesse gesto nenhuma intenção além de dar aquilo a que o freguês tem direito. Quando oferecemos um cafezinho a uma visita em casa, oferecemos ao mesmo tempo acolhimento, hospitalidade, amizade. No gesto de entregar o café, vem como que embutido um sentido e uma intenção maior, uma realidade velada, escondida. Entregar um cafezinho dessa maneira é expressar a amizade e fazê-la crescer. Por isso, podemos dizer que se trata de uma ação simbólica. Na missa, como na última ceia, a refeição, a comida e a bebida tomada em comum, é feita em nome de Jesus, para fazer memória de sua vida, morte e ressurreição. Agradecendo, comendo e bebendo, ficamos ligados com ele e com o destino dele.

Uma ação simbólica junta, articula, une... todas as faces do ser humano: seu corpo, sua mente, sua alma, seu espírito; sua consciência e seu subconsciente; sua dimensão social, histórica e cósmica. Ela nos unifica e nos liga com a matéria, com a natureza e com as outras pessoas do passado, do presente e do futuro... O sentido e a força de uma ação simbólica ultrapassa qualquer explicação.

Para a reunião da equipe

Proponho um exercício prático: cada participante desta reunião ofereça a uma outra pessoa um copo d'água, ou uma cadeira, ou uma caneta ou qualquer outra coisa. O importante é sentir e fazer aparecer a diferença entre um gesto funcional e um gesto simbólico.

5. A missa como ação ritual

Vimos que a missa é uma ação simbólica. Mas é preciso completar e dizer também que é uma ação ritual. E o que é um rito ou uma ação ritual? Tem a ver com repetição: é uma ação simbólica repetida muitas vezes ao longo da existência, para podermos aprender e aprofundar o sentido da vida dentro das circunstâncias sempre diferentes de nossa realidade e assim crescer, amadurecer como seres humanos.

Rito tem a ver também com regras. É uma ação que tem normas, tem regras, como tem normas e regras um jogo de futebol, por exemplo. Tem de ser feito sempre do mesmo jeito. É organizado por um determinado grupo ou comunidade de pessoas, expressando sua fé comum, sua comum visão de mundo. É um modo de guardar, de conservar e de transmitir de uma geração a outra os fundamentos, os valores considerados mais importantes, as raízes daquele grupo ou comunidade, ou nação. Mudar os ritos significa mudar os fundamentos, esquecer as raízes.

A missa é uma ação ritual. Desde a última ceia de Jesus até hoje, realizamo-na basicamente da mesma maneira: comemos e bebemos juntos, dando graças a Deus em nome de Jesus e no Espírito dele, fazendo memória de sua vida, morte e ressurreição. E, agindo assim, estamos ligados a ele, a seu destino e a todas as pessoas do mundo, do passado, do presente e até do futuro, que têm a mesma fé nele, ou que vivem — às vezes sem conhecê-lo — no mesmo Espírito.

O essencial do rito não muda, mas pode e deve mudar sua expressão cultural. Cada povo tem seu modo próprio de comer, beber, agradecer. Uma refeição comum num dia qualquer se faz diferente de um jantar festivo. Além disso, a missa sempre faz referência à realidade e esta sempre muda. Por isso, podemos dizer que a missa, como ação ritual, é sempre a mesma no que diz respeito ao essencial, mas é sempre diferente no que diz respeito ao estilo, ao modo de fazer, em relação à atualidade. Na verdade, nunca deveria haver duas missas iguais.

Para a reunião da equipe

Leiam na Bíblia os textos que relatam a última ceia de Jesus: 1 Coríntios 11,23-36, Mateus 26,26-29, Marcos 14,22-25, Lucas 22,14-20. Tentem perceber a ação ritual realizada por Jesus.

6. O corpo na missa

A missa, como toda a liturgia, é um trabalho comunitário, uma ação simbólica, ritual. É isso que faz a liturgia ser o que ela é, diferente de qualquer outra atividade da comunidade eclesial. Ao lado de outras atividades, como a evangelização, a catequese, o engajamento nas pastorais sociais, a oração pessoal, o estudo teológico, o testemunho no dia-a-dia, torna-se indispensável e indissociável, mas possui natureza totalmente diferente; nem sempre é bem compreendida, nem sempre é levada suficientemente a sério.

A ferramenta principal que temos para fazer esse trabalho é... nosso CORPO! A missa se faz com o corpo. Andamos, chegamos, sentamo-nos, dobramos o joelho, ficamos em pé, cumprimentamos; fazemos o sinal-da-cruz, levantamos os braços, juntamos as mãos, beijamos o altar, a Bíblia; acendemos velas, molhamos a mão na água, queimamos incenso, trazemos pão, vinho, comemos, bebemos; ouvimos, falamos, cantamos, tocamos instrumentos... Sem corpo, não há comunicação, não há relação, não há comunhão! Sem corpo, não há missa!

Só que... "corpo" é mais que carne e osso, é mais que nervos e musculatura... Nosso corpo somos nós mesmos; corpo que faz, que pensa, corpo que sente. Fazer, pensar e sentir deveriam andar juntos, formar uma coisa só. Na prática, muitas vezes fazemos um determinado gesto, mas não "pensamos" nem "sentimos" o gesto. Estamos pensando em outra coisa qualquer e nosso coração está longe... Fazemos o sinal-da-cruz, mas nosso pensamento e nosso coração estão no almoço que temos de fazer, ou no amigo que veio nos visitar, ou na lavoura que está pedindo chuva.

Podemos supor que na última ceia Jesus estava compenetrado. Estava centrado naquilo que realizava com seus amigos e discípulos. Estava ligado no Pai ao qual quis entregar toda a sua vida. Seu corpo, sua mente, seu coração, estavam unidos e concentrados num único gesto, numa única ação simbólica: "Pai, te dou graças... Tomem e comam, tomem e bebam... Isto é meu corpo, meu sangue, minha vida entregue por vocês".

Vamos tentar fazer o mesmo? Em cada momento da missa, vamos *agir* de forma *sensível* e *consciente*?

Para a reunião da equipe

Proponho o seguinte exercício: façam o sinal-da-cruz, conscientemente. Isto é, saibam o que estão fazendo! Acompanhem o gesto da mão com a mente. Façam tal gesto sensivelmente, com devoção, de todo o coração. Depois de todos terem feito o gesto, duas ou três vezes, comentem: o que vimos? O que sentimos? Fomos capazes de *juntar* gesto, pensamento e sentimento?

As quatro partes da missa

1. Ritos iniciais, ritos de acolhida.

2. LITURGIA DA PALAVRA.

3. LITURGIA EUCARÍSTICA.

4. Ritos finais, de envio em missão.

Lembretes gerais a respeito da celebração da missa

1) As missas aos domingos e nos dias de festa são mais importantes do que as possíveis missas durante a semana. Tal diferença deve aparecer por meio do estilo festivo, do uso de elementos rituais complementares como incenso, água-de-cheiro, o canto do "Glória", dramatização do Evangelho ou de cenas da vida, a recitação do "Creio"... no clima de alegria pelo reencontro dos irmãos. As missas durante a semana, ao contrário, serão mais sóbrias, mais simples. O que não significa que possam ser corridas e malcuidadas!

2) Na celebração da missa, há dois perigos a evitar: a tentação da constante novidade e a mesmice da rotina. Num mundo onde tudo é descartável, perdemos o valor de um gesto repetido a cada celebração; queremos inovar, criar gestos novos. Ao mesmo tempo, existe o perigo de fazermos os gestos da missa automaticamente, formalmente. Entre os dois extremos, a solução está em fazer os mesmos gestos de forma consciente e sensível, de modo que pareçam como novos a cada celebração. Eis o grande desafio para os ministérios litúrgicos!

3) O sacristão ou a sacristã (e sua possível equipe) assumem um verdadeiro ministério litúrgico,[1] ao prepararem cuidadosamente todo

---

[1] Cf. SC 29; IGMR, 3. ed., n. 105.

o necessário para a missa: o altar, a estante da Palavra, a cadeira do que preside; as vestes dos ministros, as toalhas do altar, as velas, as flores, o incenso e as brasas, a água para a aspersão; o cálice e a patena (prato), o pão, a água para a purificação, o corporal, o sanguinho, a toalha de mão; os livros litúrgicos, os microfones... O esquecimento do mínimo detalhe pode atrapalhar o bom andamento da celebração.

4) Quem celebra a missa é toda a comunidade reunida. O padre, os leitores, acólitos, cantores e instrumentistas... fazem parte desse povo. Tal participação deve aparecer já na colocação dos assentos, que devem formar semicírculos em volta do altar e da estante da Palavra. Pelo menos ao construirmos novas igrejas ou capelas, devemos evitar o modelo "ônibus", que dificulta a comunicação das pessoas entre si, dificulta o sentir-se comunidade.

5) O padre não é o único ministro da celebração eucarística. Ele deve interagir com os animadores, leitores, cantores e outros ministérios necessários para se celebrar a eucaristia. Tal interação pode ser expressa mais claramente se os vários ministros assumirem seu lugar no presbitério atrás ou ao lado do altar e da estante da Palavra. Os instrumentistas e cantores estejam num lugar visível, de onde possam se comunicar com toda a assembléia.

6) Ainda é bastante comum as pessoas trazerem "intenções" para a missa e até pagar por isso: para o sétimo dia de falecimento de um parente ou amigo, em agradecimento por uma graça recebida... Em alguns lugares, essas intenções são lidas no início da celebração: "Esta missa será celebrada por intenção de...". Como se a missa pudesse ser "canalizada" por uma determinada pessoa, só pelo fato de ter pago por isso... É complicado, não? Vamos nos lembrar de que a missa é um encontro da comunidade, para fazer memória de Jesus, e que a graça que brota dessa celebração atinge todas as pessoas participantes e até o mundo inteiro, sem que seja necessário pagar por isso! Ao mesmo tempo, é bom que possamos lembrar datas significativas relacionadas com parentes e amigos, e expressar fatos alegres e dolorosos de nossa vida. Como fazê-lo, então, e em que momento? Há quatro momentos próprios para isso:

a) na recordação da vida, no início da celebração, colocando fatos e acontecimentos, não em forma da preces nem de "intenções". Por exemplo: "Gostaria de lembrar a comunidade que hoje faz dez anos da morte de meu pai..."; "Quero partilhar com vocês minha alegria: meu 'velho' e eu fizemos esta semana vinte e cinco anos de casados...";

b) quando não houver recordação da vida, podemos sugerir que as pessoas digam o que trazem no coração para esse momento celebrativo, após o "oremos" da oração inicial;

c) na oração dos fiéis, em forma de preces;

d) no "memento" dos vivos e dos mortos, dentro da oração eucarística, como veremos mais adiante.

Quanto ao dinheiro: todos somos responsáveis para que não faltem recursos para o sustento da comunidade, dos ministros e dos agentes de pastoral. Para isso, existem o dízimo e as ofertas em dinheiro ou em "gêneros", que poderão ser recolhidos dentro da própria celebração, por exemplo, no momento da preparação das oferendas.

7) Cada comunidade celebrante deve ir criando seu próprio estilo, expressão de sua cultura: do campo, da cidade, do centro, da periferia, cultura afro, indígena, jovem, de massa, de pequeno grupo... Tal estilo aparece na organização do espaço celebrativo, na ornamentação e nos objetos litúrgicos usados, nos cantos, nos instrumentos musicais, nas vestes dos ministérios litúrgicos, no tom de voz, na linguagem verbal, musical e gestual, no uso da dança...

8) Duas tendências atuais pedem nossa atenção: a participação das mulheres em igualdade com os homens e a ecologia, a defesa do meio ambiente. Quanto à primeira, devemos fazer tudo o que for possível, embora saibamos que vamos esbarrar nos limites impostos: na Igreja Católica romana, as mulheres estão excluídas da ordenação (o que vai contra a afirmação de são Paulo em Gálatas 3,28). Quanto à ecologia e à defesa do meio ambiente: ornamentação com plantas, janelas abertas ao verde (onde ainda houver!), água corrente na pia batismal, uso de

materiais naturais (evitando imitação, plástico etc.), celebração ao ar livre: tudo isso pode renovar e aguçar nossa sensibilidade e nos tornar mais gratos ao Deus Criador e ao Cristo Cósmico que, com seu Espírito, renova toda criação.

9) Cada missa é para ser um sinal profético de como Deus quer a sociedade. O respeito a cada participante e o espírito de comunhão nos alertam contra a discriminação, a exclusão. A palavra partilhada nos ensina a dar voz e vez a todas as pessoas, por menor ou mais insignificantes que possam parecer. A partilha do pão e do vinho são sinais que condenam a concentração da renda, das terras, do poder... na mão de poucos. Não temos o direito de "domesticar" a missa, de tirar sua força profética, de amenizar o protesto contra todas as matanças que está inscrito no coração da missa: "Anunciamos, Senhor, a vossa morte...", que se prolonga nas mortes dos que lutam por dignidade, casa, terra, pão, participação, cidadania.

10) Algumas comunidades têm redescoberto a possibilidade de unir missa e ofício divino.[2] Como fazer isso? Primeiro, façam os ritos iniciais do ofício (abertura, recordação da vida, hino) ou os ritos iniciais da missa, como queiram. Depois, cantem os salmos do ofício, conforme os dias indicados, o "Glória" (se for domingo do tempo comum ou dia de festa) e a oração do dia. Sigam com a liturgia da Palavra da missa e a liturgia eucarística. Depois da comunhão, cantem o cântico evangélico do ofício, ou seja, o cântico de Zacarias, ou de Maria, ou de Simeão. Qual a vantagem de ligar o ofício divino com a missa? Acentuamos a dimensão do louvor gratuito, aumentamos a familiaridade com os salmos e cânticos bíblicos, coisas às quais todo o povo de Deus tem direito.

---

[2] Cf. IGLH, nn. 93-99.

2
RITOS INICIAIS, RITOS DE ACOLHIDA

7. "Vou à missa!"

A missa só é possível porque nós, cada uma das pessoas participantes, resolvemos sair de casa e nos dirigimos ao lugar do encontro. A missa começa em casa. Começa com a decisão pessoal de cada um, de cada uma de nós: "Vou à missa!".

Os passos que vamos dando para ir de casa ao lugar da celebração são como símbolos de tantos e tantos passos dados durante a semana que passou e que vamos agora recolhendo. São passos da caminhada pessoal: ida ao trabalho, andanças dentro de casa, no campo, na cidade, encontros significativos, maior conhecimento de nós mesmos... São passos dados também da caminhada comunitária e social: as reuniões, os mutirões, os avanços na luta por cidadania, justiça, paz...

Ao entrar pela porta, a realidade que carregamos no corpo, na mente e no coração entra junto conosco para a celebração. Mas é bom prestar atenção à "porta", ao limiar. Por ela entramos no recinto sagrado (mesmo que não haja uma igreja de tijolo, mas uma simples roda debaixo de uma árvore ou num galpão). Transpondo essa fronteira, esse limiar, reconhecemos que toda realidade, toda a nossa vida, tudo o que existe e que está de alguma forma presente em nós tem uma direção, tem um ponto de referência, tem um ponto de chegada: DEUS.

Aliás, foi DEUS quem nos convocou, quem nos chamou. É em nome dele que nos reunimos: "Em nome do Pai e do Filho e do Espírito Santo". É a Trindade que nos acolhe, pelo ministério da equipe de acolhimento e pelo presidente da assembléia que diz: "A graça de nosso Senhor Jesus Cristo, o amor do Pai e a comunhão do Espírito Santo estejam com vocês!". É por causa de Deus que saímos de nossas casas, deixamos nossas ocupações. Viemos para adorar, para louvar e agradecer. Viemos para ouvir sua Palavra e suplicar pelo fim de nossos problemas e pela vinda do Reino entre nós. Viemos para anunciar a morte do Senhor "até que ele venha" e para proclamar a ressurreição. Viemos para ser por ele revestidos da força do alto e enviados em missão, voltando de onde viemos: nossa casa, nossas convivências, o trabalho, a vida em sociedade...

Para a reunião da equipe

Como costumamos viver o caminho de nossa casa até a igreja? Como vivemos a passagem pela porta de entrada? Vamos trocar experiências e aprender uns com os outros...

8. Um corpo comunitário

Embora a missa dependa da decisão de cada um(a) de nós, ela não é uma ação individual e muito menos individualista. Para celebrar a missa, somos chamados a constituir a assembléia litúrgica, a formar juntos um *corpo comunitário,* que ora, adora, bendiz, oferece, canta... a uma só voz, a uma só alma, a um só coração.

Os ritos iniciais da missa são o momento para juntos buscarmos e criarmos esse entrosamento, no Espírito de Jesus. A assembléia vai-se estruturando como um corpo: procura agir como um conjunto, em que cada pessoa assume seu lugar, situando-se corretamente perante Deus e em relação às outras pessoas.[1]

Os vários ministérios (presidência, leitores, animadores, equipe de acolhimento, cantores, instrumentistas, acólitos...) estão aí para ajudar a assembléia nessa tarefa, assegurando a participação de todos.

Todos sabemos como faz bem, mas como é custoso ao mesmo tempo, ouvir os outros profundamente, sentir com os outros, andar no mesmo passo, juntar nossa voz à voz de todos. Não é fácil, porém é bonito e faz bem "encaixar" as vozes formando um conjunto, sem que ninguém se sobreponha, sem que ninguém se arraste nem avance, sem que ninguém se faça ouvir mais que as outras pessoas.

Mas para que tanto esforço? Será unicamente pelo prazer da beleza? Para podermos sentir, pelo tempo da duração da missa, o prazer da união? Certamente, não é só por isso. Qual poderá ser a razão mais profunda? É que, formando o corpo comunitário na liturgia, estamos ensaiando a difícil convivência no dia-a-dia, em casa, no trabalho, no lazer, na organização da sociedade... O corpo comunitário na liturgia antecipa, desenha, simboliza, faz-nos experimentar... o que deve vir a ser o corpo social, o corpo político, em que todos os cidadãos sem distinção buscam o bem comum e o bem de cada um dos concidadãos, com a graça de Deus. A assembléia litúrgica é sinal, sacramento da união de tudo e de todos em Deus; união essa que norteia todo o nosso viver.

O acolhimento fraterno, o respeito a cada pessoa, a palavra aberta a todos, o pão e o vinho repartidos entre todos... tudo isso é sinal muito forte de comunhão e participação para quem vive na solidão, na exclusão... Ah! Se todas as nossas missas fossem, de fato, esse sinal forte e simples ao mesmo tempo! Mas para que isso seja possível precisamos de um mínimo de vida comunitária, que dê credibilidade aos sinais sacramentais, realizados na liturgia. Sem vida comunitária e missionária que a sustente, a missa perde seu verdadeiro sentido, perde sua força.

---

[1] Cf. IGMR, 3. ed., n. 46.

Para a reunião da equipe

A nossa missa está sendo um momento de união entre as pessoas? Caso existir algum tipo de discriminação entre os participantes, por causa de sua cor, de sua condição social, de sua aparência... o que poderíamos fazer para superar tal dificuldade? O que a equipe poderia fazer para que todas as pessoas sintam o prazer de se unir e de cantar e orar juntos com pessoas diferentes?

9. Um corpo ressuscitado

Para a maioria de nós, a vida está difícil. Os problemas são muitos e enormes. Mas a fé, dom de Deus, nos reanima sempre de novo. Ao longo de toda a história das comunidades cristãs, a celebração do domingo, dia do Senhor, tem sido um momento marcante para a resistência no meio das aflições da vida e para a animação de nossa fé. Nesse dia afirmamos, comemoramos, celebramos a ressurreição de Jesus, a vitória da vida sobre a morte.

E é por isso que nossa missa dominical — quando é bem entendida — tem caráter festivo. É um encontro alegre e esperançoso, sem ocultar os problemas da vida. É Páscoa. Páscoa semanal. Faz-nos ver toda a vida vivida à luz da ressurreição. Faz-nos reconhecer dentro dos acontecimentos da vida pessoal, comunitária e social a presença dinâmica e transformadora de Cristo Ressuscitado e de seu Espírito. E é por isso que cantamos e até dançamos, acendemos velas, o Círio Pascal e até incenso. Vestimos roupas melhores e colocamos flores e folhagens ou outros enfeites para dar um ar festivo ao local da celebração.

Mais: com a aspersão da água lembramos o nosso batismo, pelo qual fomos incorporados no Cristo Ressuscitado. In-corpo-rados! Nele formamos um só corpo, um corpo comunitário. É corpo que ressuscita, alimentando-se da Palavra, do Pão e do Vinho que são para nós o Corpo de Cristo Ressuscitado. Quando a água vai respingando em nosso corpo, ou quando colocamos a mão na pia batismal, podemos dizer: "Senhor, tu nos renovas, tu nos fazes passar da morte para a vida, tu transfiguras por dentro, transformas o nosso corpo tão machucado pela vida em corpo ressuscitado, pela força de teu Espírito!".

A própria assembléia reunida para celebrar torna-se, assim, sinal de ressurreição para o mundo, para a sociedade. É possível que alguém comente: "Como pode? Esse povo sofre tanto; como é que pode ficar tão alegre assim e fazer festa?".

Para a reunião da equipe

A "nossa" missa de domingo tem ar festivo? Faz a gente experimentar a alegria da Páscoa? Sim? Não? Por quê? As músicas e a maneira de cantar contagiam a assembléia? Temos experimentado fazer a aspersão com água, no lugar do rito penitencial?

10. Acolhendo, somos acolhidos

Os ritos iniciais da missa, desde a entrada até a oração inicial, têm por objetivo constituir a assembléia celebrante. Têm por objetivo fazer com que todas as pessoas presentes se unam num só corpo, num corpo comunitário, num corpo ressuscitado.

A reunião se faz "em nome do Pai e do Filho e do Espírito Santo". Acontece por conta do amor de Jesus; é graça de Deus. Por isso, afirmamos: "Bendito seja Deus que nos reuniu no amor de Cristo!". Mas perguntamos: de que modo pode circular esse amor? Como nos atinge?

Quem já participou alguma vez de um culto numa igreja de irmãos protestantes ou crentes, certamente ficou impressionado com a qualidade do acolhimento. É admirável o modo atencioso, carinhoso, com que os ministros acolhem as pessoas à porta da igreja. Faz bem sentir-se notado e acolhido pelo pastor que preside o culto. Graças a Deus, também em muitas igrejas católicas começamos a levar a sério esse ministério do acolhimento. Não só os ministros, mas todos os participantes nos cumprimentamos, acolhemo-nos mutuamente. Sabemos que assim acolhemos o próprio Deus e que Deus assim nos acolhe. É o amor de Deus que circula e que nos faz assumir nossas diferenças e desavenças, perdoar as faltas uns dos outros, unir nossas vozes num único canto, unir nossos passos num único caminhar, num único ritmo de dança na procissão. Dessa forma estamos entrando no movimento universal que une — sem anular as diferenças — todas as pessoas, todos os povos, todas as culturas e até a própria matéria do cosmo, em Deus.

A entrada, a saudação do presidente, a recordação dos fatos mais marcantes da semana que passou, a aspersão com água ou o rito penitencial, às vezes um abraço de paz, o canto do "Senhor, tem piedade...", o canto do "Glória"... tudo isso vai culminando na oração inicial que o presidente faz em nome desse conjunto, chamado assembléia. Não mais como indivíduos soltos, mas como comunidade, colocamo-nos diante de Deus: "Senhor! Pai querido! Criador do céu e da terra! Ouvimos teu chamado; aqui estamos. Viemos para ouvir tua Palavra. Faze jorrar sobre nós tua luz! Dá-nos tua força! Queremos te louvar e agradecer e implorar tua ajuda. Queremos nos comprometer contigo, para que venha o teu Reino...".

Para a reunião da equipe

As pessoas que vêm participar da missa estão se sentindo acolhidas? Temos levado bastante a sério esse importante serviço do acolhimento?

> ## Estrutura dos ritos iniciais
>
> *(Atenção: nem todos estes elementos entrarão em todas as missas!)*
>
> - Procissão de entrada e/ou Canto inicial.
> - Beijo do altar.
> - Incensação do altar.
> - Saudação de quem preside.
> - Abraço de acolhida.
> - Apresentação e acolhida das pessoas visitantes, lembrança das pessoas ausentes (doentes, presos, as que foram participar de algum encontro de pastoral...).
> - Recordação da vida – Introdução ao mistério celebrado.
> - Aspersão com água. Ou Rito penitencial (eventualmente com abraço de reconciliação). Ladainha do "Kyrie" (Senhor, tende piedade de nós).
> - Hino "Glória a Deus nas alturas...".
>
> - ORAÇÃO INICIAL ("coleta").

Lembretes a respeito dos ritos iniciais

1) O objetivo principal dos ritos iniciais é transformar indivíduos em povo celebrante, assembléia orante, corpo de Cristo animado por seu Espírito, disposto para o encontro pascal e transformador com o Deus vivo.

2) A atitude básica dos ritos iniciais é de ACOLHIDA, alegre e afetuosa. De nada adianta executar todos os elementos rituais elencados acima, se não criarem um ambiente acolhedor, fraterno e ao mesmo tempo de recolhimento e oração, de alegria pelo encontro com o Senhor.

3) Nos momentos antes do início da missa, devemos evitar agitação e correria da equipe, afinação de instrumentos, teste de microfones... É importante que reine um clima de silêncio para a oração pessoal. O leve murmúrio das pessoas se cumprimentando e acolhendo certamente não atrapalhará esse clima. Se houver necessidade de ensaio com todo o povo, que seja breve (somente os refrões) e que seja feito já em clima orante, predispondo as pessoas para a celebração.

4) Não é necessário anunciar o canto de entrada nem dizer que a celebração vai começar. Basta os instrumentos e os cantores darem início ao canto e todos acompanharão.

5) O canto de entrada não é "para acolher o padre", como muitas vezes se ouve por aí! O canto de entrada é expressão de fé da comunidade reunida, como Corpo de Cristo, no Espírito Santo, louvando a Deus. Deve estar relacionado com o tempo litúrgico e com o sentido dos ritos iniciais. Não nos esqueçamos do valor dos salmos também no momento da entrada.

6) Muitas comunidades já integraram a dança na procissão de entrada, assim como em outros momentos processionais, como a aclamação ao Evangelho ou a preparação das oferendas. Não se trata tanto de uma coreografia para outros verem, mas de um movimento corporal que chama à participação de todos. A comunidade toda participa acompanhando o ritmo da música com gingado.[2]

7) O único elemento ritual que nunca deve faltar nos ritos iniciais é a oração inicial. Essa oração é chamada de "coleta" (do latim *colligere*); *recolhe* as orações do povo feitas em silêncio, depois do convite "Oremos". Coloca a assembléia reunida diante de Deus que a convocou. Os outros elementos são bastante livres, principalmente nas missas com participação de crianças:[3] pode haver procissão de entrada ou não, pode haver rito penitencial ou não, pode haver "Glória" ou não... conforme os dias litúrgicos ou o tipo de assembléia reunida.

---

[2] Cf. Doc. 43, nn. 83; 207; 241.

[3] Cf. DMCr, n. 40.

8) O momento do abraço da paz pode variar:[4] como acolhida após a saudação de quem preside; como reconciliação com o rito penitencial; como início da liturgia eucarística após as preces; como expressão de comunhão com os irmãos e irmãs antes da comunhão eucarística; como despedida ou como cumprimento de determinada pessoa, após a bênção. (Mais detalhes em Ione Buyst, *Celebração do domingo ao redor da Palavra da Deus*, São Paulo, Paulinas, pp. 53-58.)

9) Nas celebrações festivas, não deveria faltar o incenso. Podemos usá-lo nos tradicionais turíbulos, ou também em potes de barro, mais da cultura popular, ou ainda em forma de varetas. Em vez de incenso importado (que é difícil de encontrar e custa caro), podemos usar ervas cheirosas, como eucalipto, alfazema, pinho etc. Nos ritos iniciais, costuma ser usado na procissão de entrada e para incensar o altar e a cruz.

10) Nada impede acrescentar outros elementos, no mesmo espírito dos ritos de acolhida: oferecer uma bacia com água na porta de entrada para se lavar as mãos em sinal de acolhida (água-de-cheiro, com pétalas de flores...), ou em sinal de purificação (acompanhado por um verso do salmo 51, por exemplo: "Lavai-me, Senhor, lavai-me..." (HIN III, p. 88); sugerir uma breve conversa com quem está perto, sobre a semana que passou; percorrer com o incenso toda a assembléia, indicando ser ela templo do Espírito Santo, povo sacerdotal.

11) O beijo do altar feito por quem preside, logo na chegada, costuma ser um gesto pouco valorizado. No entanto, é um gesto significativo. O altar representa o próprio Jesus Cristo, pedra angular, rocha espiritual. Beijando o altar, quem preside expressa sua relação íntima com o Senhor, pois é em nome dele que irá presidir a santa liturgia.

12) Quem preside a celebração não deve ficar no altar durante os ritos iniciais, mas no assento que lhe é próprio, significando que exerce a presidência em nome de Jesus. É lugar de honra e de responsabilidade.

---

[4] Cf. Doc. 43, n. 313.

13) Depois do canto inicial, as primeiras palavras que ouvimos são palavras bíblicas: "Em nome do Pai e do Filho e do Espírito Santo". "A graça de nosso Senhor Jesus Cristo, o amor do Pai e a comunhão do Espírito Santo estejam com todos vocês!" (ou palavras bíblicas semelhantes). Parece-me importante que não se diga nenhuma palavra antes disso: nem "Bom-dia" ou "Boa-noite", nem comentários ou introduções!

14) As palavras bíblicas da saudação terão mais força se forem cantadas. Mas devemos escolher cantos que respeitem a linguagem litúrgica. A título de exemplo, comparem os seguintes textos:

a) Em algumas regiões costuma-se cantar: "Em nome do Pai, em nome do Filho, em nome do Espírito Santo. Amém! Todos os meus dias vou recomeçar; em nome do Pai, vou recomeçar...". É uma linguagem explicativa.

b) Em vez disso, podemos, com a mesma melodia, cantar os versos seguintes: "Em nome do Pai, em nome do Filho, em nome do Espírito Santo. Amém! Estejam com vocês o amor do Pai, a graça do Cristo no Espírito, Amém!".

Aos poucos vão surgindo, por toda parte, outras melodias (cf., entre outras, HIN III, p. 17).

15) A liturgia cristã é sempre situada historicamente no aqui e agora da comunidade celebrante. Por isso, não devemos deixar de recordar os fatos mais significativos do dia ou da semana que passou.[5] Neles Deus está presente, atuando com a força do Espírito de Cristo Ressuscitado. Lembramos também nesse momento o mistério previsto no calendário litúrgico: que domingo ou festa é, que mistério da vida de Cristo, ou que santo ou santa recordamos...

---

[5] Vejam: BUYST, Ione. Recordação da vida. In: Vv.AA. *A esperança dos pobres vive:* coletânea em homenagem aos 80 anos de José Comblin. São Paulo, Paulus, 2003. pp. 377-387.

16) Sendo cada domingo uma Páscoa semanal, seria bom assumirmos, no lugar do rito penitencial, a aspersão com água, lembrando nosso batismo e nossa imersão em Cristo. Há um rito previsto no Missal Romano que pode ser adaptado e inculturado. Vejam cantos próprios para esse momento no HIN III, pp. 83-89; para o tempo pascal, a visão de Ezequiel 47, retomado no livro do Apocalipse 22: "Eu vi, eu vi, vi foi água a manar do lado direito do templo a jorrar..."; para o tempo comum, versos do salmo 51(50): "Lavai-me, Senhor, lavai-me...".

17) Não vamos nos esquecer dos preciosos momentos de silêncio, que devem possibilitar a descida de cada pessoa em seu íntimo. Só assim a celebração litúrgica poderá assumir a dor, a angústia, a alegria, a esperança, a vida de cada participante. Nos ritos iniciais, esses momentos serão certamente: antes do início da celebração; no rito penitencial, se houver; após o "oremos" da oração inicial...

18) O que ficou dito a respeito da saudação vale também para a oração inicial: cantada poderá ter mais força. Vejam exemplos de melodias no HIN III, pp. 17-20. Podem ser criadas outras!

3
LITURGIA DA PALAVRA, DIÁLOGO DA ALIANÇA[1]

11. É Cristo quem fala

Depois da oração inicial feita pelo presidente, o leitor vai até a estante da Palavra e se prepara para fazer a leitura de uma passagem bíblica. Estamos iniciando a chamada "liturgia da Palavra". Ouviremos um trecho do Antigo Testamento, ou dos Atos dos Apóstolos, quando estivermos no tempo pascal. Cantaremos um salmo. Ouviremos uma parte das cartas de um dos apóstolos: Paulo, Pedro, Tiago... Aclamaremos o evangelho, que será proclamado solenemente. As leituras bíblicas serão comentadas e relacionadas com nossa realidade. Faremos a nossa profissão de fé e nossas preces comunitárias.

Não se trata de uma aula de Bíblia. As passagens escolhidas não nos interessam apenas como fatos de antigamente, de muito tempo atrás. Para nós, as leituras escutadas e meditadas na assembléia reunida são a palavra viva e atual do Senhor. "É Cristo quem fala", diz o documento

---

[1] Leia mais nos três livros de Ione Buyst sobre o mesmo assunto, publicados pela Paulinas Editora, na coleção Rede Celebra, São Paulo: *A Palavra de Deus na liturgia; O ministério de leitores e salmistas; Homilia, partilha da Palavra.* Não deixem de ler e consultar: IELM!

do Concílio Vaticano II sobre a Sagrada Liturgia (n. 7). É o Cristo Ressuscitado que se coloca em meio às discípulas e discípulos reunidos e tem uma palavra de vida, de orientação, de consolo, de esperança, de convocação... na realidade difícil e complicada na qual vivemos. Ele faz isso através de seu Espírito presente no povo reunido, no ministério dos leitores e de quem faz a homilia ou coordena a partilha da Palavra.

Sentados aos pés de Jesus, ou em pé ao redor dele, abrimos o ouvido e o coração. Acolhemos a boa palavra, a boa notícia. Deixamos que faça em nós seu trabalho criador, renovador, que cure nossas feridas, desperte nosso desejo, reanime nossas forças... De novo, ao ouvir a Palavra de Jesus, os cegos vêem, os surdos ouvem, os coxos andam, os pobres se libertam e se alegram... E é por isso que respondemos depois das leituras e da proclamação do evangelho: "Palavra do Senhor!" — "Palavra da Salvação!".

Para a reunião da equipe

Temos conseguido que as leituras bíblicas e a homilia sejam, de fato, palavra viva e atual do Senhor para o seu povo reunido? O que pode melhorar?

12. Fala, Senhor, fala da vida!

Na liturgia da Palavra, os textos bíblicos proclamados e meditados se tornam palavra viva, palavra que vem alimentar nossas vidas, no aqui e agora de nossa realidade. Mas convém perguntar: como é que isso acontece? Como isso é feito?

Na longa tradição judaico-cristã, o povo percebe Deus atuando nos acontecimentos de sua vida diária e em sua caminhada histórica. O fato mais marcante relatado e retomado constantemente em muitas páginas da Bíblia é certamente a saída (o êxodo) do povo que estava vivendo na escravidão do Egito. O povo tinha consciência de que era Deus que os havia libertado de maneira maravilhosa, e agradecia, cantava e fazia festa.

Fatos como esses foram sendo contados de pais para filhos, atravessando muitas gerações, e mais tarde foram também anotados por escrito. Contados ou lidos, tais fatos ficaram, e ficam até hoje, como ponto de referência para percebermos a presença atuante, libertadora de Deus dentro do momento histórico atual. Foi dessa forma que nasceu o Novo Testamento, que apresenta como fato mais marcante da história do povo de Deus a vida de Jesus, reconhecido como Messias, como Filho de Deus. As primeiras comunidades cristãs relacionaram os acontecimentos da sua vida com os textos da Lei, dos Profetas, dos Salmos... Fatos da atualidade e texto bíblico iam se explicando mutuamente.

E nós? Também nós somos convidados, nessa mesma tradição, a ler e interpretar os acontecimentos atuais à luz das Escrituras antigas, tendo como referência principal a pessoa de Jesus. Os bispos latino-americanos reunidos na cidade de Medellín, em 1968, assim o diziam:

> Através de Cristo, Deus está ativamente presente em nossa história [...]. Assim como outrora Israel, o antigo povo, sentia a presença salvífica de Deus quando ele o libertava da opressão do Egito, quando o fazia atravessar o mar e o conduzia à conquista da terra prometida, assim também nós, novo povo de Deus, não podemos deixar de sentir seu passo que salva, quando se dá o verdadeiro desenvolvimento, que é para cada um e para todos a passagem de condições de vida menos humanas para condições de vida mais humanas.

Para a reunião da equipe

A liturgia da Palavra tem ajudado as pessoas a perceberem a presença ativa e libertadora de Deus em sua vida pessoal, comunitária e social? Temos dado espaço para os fatos da vida na introdução às leituras, na homilia, nas preces?

13. Escolhidas a dedo...

A escolha de uma passagem da Sagrada Escritura não é feita arbitrariamente, ao acaso. Existem listas, preparadas após longo estudo, com indicação das três leituras e o salmo para cada domingo. A preocupação fundamental foi a de possibilitar ao cristão que participa regularmente da missa dominical, conhecer os quatro evangelhos completos e partes significativas dos vários livros da Bíblia, tanto do Antigo quanto do Novo Testamento.

Resolveu-se repartir as leituras ao longo de três anos e caracterizar cada um desses anos por um dos evangelhos chamados "sinóticos". Assim temos o chamado "ano A", no qual lemos seguidamente o evangelho de Mateus, o "ano B" com o evangelho de Marcos e o "ano C" dedicado ao evangelho de Lucas. O evangelho de João é lido em parte no ano B, com Marcos, e em parte nas festas e tempos fortes do ano litúrgico, como a Quaresma, o tempo pascal etc.

Há uma certa lógica igual para todos os anos: no início do tempo comum, ou seja, naqueles domingos que separam o tempo do Natal do tempo da Quaresma, acompanhamos o início da missão de Jesus, com o chamamento dos discípulos, a proposta do Reino... No final do ano litúrgico, quando vamos chegando perto do Advento, ouvimos as palavras de Jesus e das primeiras comunidades sobre "o fim do mundo", ou sobre o sentido último de todas as coisas, o chamado "discurso escatológico".

A primeira leitura é uma passagem tirada do Antigo Testamento, escolhida em função do evangelho do dia. O salmo que vem a seguir é escolhido de acordo com a primeira leitura; é como que uma resposta a esta. A segunda leitura oferece os trechos principais das cartas do Novo Testamento, sem preocupação com as outras leituras. A aclamação ao evangelho muitas vezes tem um verso tirado do próprio evangelho do dia.

Dessa forma, domingo após domingo, temos a oportunidade de seguir Jesus nos caminhos de sua missão. Em cada um dos acontecimentos que ocorrem no caminho, Deus vai revelando o mistério de Jesus e nós vamos sendo convidados a aderir mais profundamente, mais apaixonadamente a sua pessoa e a sua causa.

As leituras bíblicas escolhidas para os dias de semana seguem um esquema de dois anos: anos pares e anos ímpares. Há um evangelho para cada dia, igual nos dois anos. O que muda é a primeira leitura: há uma série para os anos pares e outra para os anos ímpares, alternando textos do Antigo e do Novo Testamento. O salmo acompanha a primeira leitura.

Para a reunião da equipe

Temos prestado atenção à seqüência dos evangelhos de um domingo para outro? De um dia para outro?

14. O que de mim está escrito nos salmos...

No coração da Bíblia, encontramos um livro com 150 cantos. É o Livro dos Salmos, o "Livro dos Louvores". São cantos que foram sendo feitos e refeitos ao longo da história do povo de Deus. Expressam a confiança em Deus na dor, na perseguição, na angústia, na doença... Clamam a Deus por justiça. Agradecem e bendizem ao Senhor pela sua presença criadora no universo, na vida do ser humano e principalmente na caminhada do povo de Deus. Acompanham, em forma orante, grande parte de tudo aquilo que encontramos nos livros históricos e proféticos.

As primeiras comunidades cristãs apreciavam muito os salmos. Foram percebendo nelas uma profecia de Jesus. É o que podemos ver em Lucas 24,44: Jesus está reunido com os discípulos depois da ressurreição e lhes diz: "Era preciso que se cumprisse tudo o que *de mim* está escrito na Lei de Moisés, nos Profetas e nos *salmos*"! E assim vamos encontrando muitas passagens do Novo Testamento que são resultado da interpretação de algum trecho de um salmo, a partir da pessoa e missão de Jesus. O Livro dos Salmos é o livro do Antigo Testamento mais citado no Novo Testamento.

Na missa, após a primeira leitura, está previsto o canto de um desses salmos. O salmista canta os versos e o povo todo entra com um refrão orante. O salmo foi escolhido de propósito, como resposta à primeira leitura. Digamos que tem o mesmo peso de outras leituras bíblicas. Por isso, nunca deveria faltar, nem ser substituído por outro canto qualquer. Por esse motivo o salmista sobe à estante da Palavra para cantar o salmo. É Palavra de Deus cantada. Fala de Jesus Cristo. Fala de nossa vida. É nossa resposta orante à Palavra de Deus ouvida na primeira leitura. O próprio Jesus, assim como Maria, os apóstolos, os primeiros cristãos encontraram nos salmos sua linguagem de oração e celebração. Gerações e gerações de cristãos de todas as Igrejas alimentaram com eles sua fé. Será que nós, então, podemos nos dar ao luxo de não cantar os salmos?!

Para a reunião da equipe

- De que maneira temos valorizado o salmo da missa?
- Temos levado a sério o fato de que deve ser cantado (pelo menos o refrão)? Conhecemos as melodias propostas pelo *Hinário Litúrgico* da CNBB (quatro fascículos com seus respectivos CD's)?
- Temos reservado tempo para estudar os salmos, assim como estudamos o evangelho e as outras leituras bíblicas?

15. O ponto alto da liturgia da Palavra

Vamos supor que uma pessoa de fora observasse o nosso modo de celebrar a liturgia da Palavra. Será que apontaria, como ponto alto, a proclamação do evangelho? Ou será que perceberia um monótono "senta-levanta", um ir-e-vir de pessoas que sobem à estante para ler, cantar, comentar... sem que haja uma atenção especial ou um destaque para parte alguma?

Uma equipe de liturgia que se preza fará toda a liturgia da Palavra convergir para a proclamação do evangelho. Tudo o que vem antes vai como que subindo até o clímax, fazendo crescer nossa atenção e nossa expectativa. Tudo o que vem depois é decorrência, é conseqüência.

Numa missa em estilo romano, acólitos com candelabros de velas acesas e com o turíbulo do incenso acompanham o diácono que vai buscar o Livro dos Evangelhos (evangeliário), pedir a bênção ao presidente da celebração e depois dirigir-se, solenemente, passo a passo, para o ambão ou estante da Palavra. O coro entoa o "Aleluia". O diácono incensa o livro e canta o evangelho. Depois, todos fazem o caminho de volta, em silêncio, levando o evangeliário...

Numa missa em que se procura expressar a fé levando em conta a cultura do povo brasileiro, podemos fazer a procissão com o livro de muitas maneiras: dançando, percorrendo com o livro toda a assembléia; trazendo o livro num andor, cheio de flores, fitas coloridas ou outros enfeites próprios da região; cantando o "Aleluia" acompanhando com palmas e o toque do atabaque ou outros instrumentos típicos; trazendo incenso em potes de barro ou de outro material simples; colocando nos ministros uma veste festiva, colorida; jogando pétalas de flores para o livro... São crianças, são jovens, são adultos... que fazem dessa procissão um momento de grande emoção, criando em nossos corações a expectativa, a alegria, o amor... necessários para ouvir a Boa-Nova. O evangelho pode ser proclamado, cantado, encenado, ou feito em forma de jogral. Como a proclamação do evangelho não é uma função presbiteral, mas diaconal, em muitas comunidades esse ministério é confiado a leigos e leigas. Depois da proclamação, o livro é mostrado, retoma-se a aclamação, batem-se palmas, continua a dança...

Vamos colocar folhetos e livros de lado para poder acompanhar: olhando, ouvindo, dançando ou gingando, batendo palmas, preparando-nos para ouvir a Palavra do Senhor no evangelho!?

Para a reunião da equipe

De que maneira temos dado destaque à proclamação do evangelho?

16. Leitura orante da Bíblia na liturgia

Recentemente, muitas comunidades têm redescoberto um modo antigo de ler as Sagradas Escrituras, ligando com a maneira de o povo latino-americano ligar Bíblia e vida. É o método da leitura orante, também chamado de *lectio divina*, leitura divina.[2] Costuma-se dizer que

---

[2] Quem quiser saber mais sobre a leitura orante da Bíblia, leia: *Leitura Orante da Bíblia*. São Paulo, Publicações CRB/Loyola, 1990 (Col. Tua Palavra é vida, 1), capítulo 1.

há quatro momentos, ou quatro passos, ou ainda quatro degraus nesse método: leitura, meditação, oração, contemplação. No momento da leitura procuramos levar a sério o texto das Sagradas Escrituras, tal qual. No momento da meditação, fazemos a ponte com nossa vida, com nossa realidade. Daí brota a oração e a contemplação, vivendo profundamente nossa união com Deus, no Espírito de Jesus Cristo. Chama-se leitura "divina", porque é feita em diálogo amoroso com o Senhor.

Afinal, não é isso que somos chamados a fazer também na liturgia da Palavra? Situamos as leituras no seu contexto histórico, quando fazemos uma breve introdução à leitura, ou também dentro da homilia. Prestamos toda atenção possível às leituras, deixando que nos atinjam com sua força poética. Ao mesmo tempo, vamos reconhecendo no texto sagrado nossa própria vida, nossa história atual, e aprofundamos isso durante a homilia ou partilha da Palavra, ligando com a recordação da vida feita durante os ritos iniciais. As preces dos fiéis brotam desse diálogo com o Senhor sobre os acontecimentos atuais, a partir das Sagradas Escrituras: imploramos ao Senhor a vinda de seu Reino; colocamos diante dele os sofrimentos de todo o povo, o grito dos excluídos; sua palavra nos motiva à conversão, à mudança de vida.

A homilia nos introduz no mistério da eucaristia que vamos celebrar. Aquilo que ouvimos nas leituras, Deus o realiza em nós sacramentalmente na eucaristia. A homilia nos prepara para participar disso conscientemente, para louvar e contemplar a Deus e sobretudo mergulhar na comunhão com ele.

Para a reunião da equipe

De que maneira temos conseguido criar um clima orante durante a liturgia da Palavra? Pelo tom de voz e pela atitude dos leitores e demais ministros? Por breves silêncios após as leituras? Pelas motivações antes das leituras?

17. Uma conversa familiar

Homilia significa "conversa familiar". Qual é o assunto da conversa? A palavra que Deus dirige a seu povo reunido. E onde encontramos essa palavra de Deus? Ela vai como que "aparecendo", sob a direção do Espírito Santo, à medida que a comunidade liga três coisas: as leituras bíblicas, a realidade e o momento celebrativo.

Não basta explicar os textos bíblicos; é preciso mostrar como estes têm a ver com a nossa realidade. Procuramos uma palavra de Deus para nossa vida pessoal, comunitária e também social, porque o Reino de Deus se estende sobre toda a realidade, e não só sobre as assim chamadas "realidades espirituais"! Por isso, a homilia deverá expressar a atualização dos textos bíblicos proclamados, ligando com a recordação da vida feita no início da celebração.

A homilia não só mostra como Deus está presente e atuante em nossa vida, mas também como nos chama à conversão, a colaborar com ele na transformação de nossas vidas e de nossa sociedade. Algumas comunidades estão deixando esse apelo para o final da celebração, nos ritos finais, num momento às vezes chamado de "vivência". É uma pena, porque assim desaparece a dinâmica da celebração da Aliança. Encontramos um bom exemplo dessa dinâmica nos capítulos 19–24 do livro do Êxodo. A celebração da Aliança se faz em três momentos: 1) Deus fala, propõe, faz um apelo; 2) o povo tem oportunidade de aceitar ou recusar; expressa sua adesão, seu propósito; 3) o contrato verbal feito entre os dois parceiros da Aliança é, então, confirmado, selado, realizado, no *rito da aliança*. Portanto, a seqüência (teo-)lógica é esta: o apelo e o propósito devem ser expressos na homilia, antes da liturgia eucarística!

Na homilia, não basta, portanto, ligar leituras bíblicas e vida. É preciso ligá-la também com toda a celebração e principalmente com a liturgia eucarística. A homilia é o momento "mistagógico" por excelência: isto é, introduz-nos no mistério celebrado, prepara nosso coração para perceber, vivenciar, unir-nos ao Senhor presente e atuante no aqui e agora da celebração.

Quem deve fazer a homilia?[3] É da responsabilidade do presidente da celebração. Mas este pode envolver outras pessoas, para dar testemunho, ou para contar ou dramatizar um fato da vida, por exemplo... Poderá usar dinâmicas de grupo para facilitar a participação de todos: conversa de dois a dois ou em pequenos grupos... Nesse caso, uma ou duas perguntas poderão orientar tal conversa: qual é a *Boa-nova* de Deus para nós hoje e qual o *apelo* que nos dirige?

Para a reunião da equipe

Na reunião temos preparado esses três assuntos que sempre devem estar presentes numa boa homilia?

18. Senhor, escutai a nossa prece!

Depois da homilia, professamos nossa fé através do "Creio em Deus Pai todo-poderoso..." e em seguida o presidente da assembléia nos convida a fazer subir a Deus as nossas preces, nossos pedidos, nossas súplicas. Não só os pedidos e preces individuais, mas de todo o povo de Deus, de toda a humanidade, principalmente dos mais necessitados, dos que são excluídos da sociedade e até mesmo da própria Igreja.... Nas leituras e na homilia confrontamos o projeto de Deus com a nossa realidade. Ouvimos a promessa de salvação, percebemos sinais da presença do Reino entre nós. Vimos o quanto ainda estamos longe disso... E por isso pedimos, expressamos a dor, o grito, a angústia. Mas expressamos também a esperança de tanta gente que põe sua confiança em Deus: dos sem-terra, dos sem-teto, dos doentes, do povo da rua, das crianças abandonadas, dos encarcerados, das pessoas angustiadas, das não-amadas...

As preces são dirigidas a Deus Pai. Uma pessoa fala uma intenção, faz uma prece e todos respondemos, assumindo essa prece como

---

[3] Cf. Doc. 43, nn. 275-280.

sendo a nossa prece comum; não minha, não a da outra pessoa, mas a nossa, a prece do corpo comunitário! No fundo, nossas preces são o grito, são a prece do próprio Cristo. Seu grito na cruz continua ecoando no grito de quem sofre. Ressuscitado, ele continua intercedendo continuamente junto do Pai por todos nós. Nossas preces são a prece do Espírito de Jesus que fala com gemidos inefáveis no coração dos fiéis; só ele sabe o que é preciso pedir, só ele conhece o coração de Deus. Por isso, não podemos simplesmente ler preces que vêm escritas em livros ou folhetos: o Espírito faz brotar as preces do fundo do nosso coração tocado pela Palavra de Deus, no aqui e agora da celebração. As preces que vêm impressas no folheto ou no missal podem ser muito úteis, mas não dispensam a oração da comunidade celebrante!

A resposta comum após cada prece pode ser cantada em vez de falada. Isso ajuda muito a criar um ambiente de oração. O canto tem maior força para abrir e atingir nosso coração e também para unir todos os participantes.[4]

Para a reunião da equipe

As preces têm brotado de corações movidos pelo Espírito de Deus? Estão sendo momentos de intenso diálogo com o Senhor? Ou estão sendo apenas rotina, leitura de orações escritas, feitas por outras pessoas, em outro momento e lugar?

19. Falar sem palavras

Não há liturgia cristã sem leituras bíblicas, ouvidas e comentadas. A palavra, humana e divina, ocupa espaço importante na liturgia. No entanto, a comunicação mais profunda não cabe em palavras. Por isso, a comunicação verbal não é tudo. Muitas coisas serão ditas de

---

[4] Leiam mais sobre as preces em: BUYST, Ione. *Celebração do domingo ao redor da Palavra de Deus*. São Paulo, Paulinas, pp. 88-96.

outra forma: por meio de movimentos, gestos e ações simbólicas, olhares, música, desenhos e pinturas, e principalmente por meio do silêncio...

Existe o perigo de querermos encher todo o espaço da liturgia da Palavra com palavras, falas, discursos... Seria impossibilitar que a Palavra nasça, cresça, seja recebida no mais recôndito de nós mesmos; que sejamos fecundados pelo Espírito, sopro de vida.

A palavra é sinal da presença de Cristo, Verbo de Deus, Palavra viva, manifestação visível do Pai. O silêncio, os gestos, os símbolos... são sinais do Espírito, presença escondida, velada, que só se percebe com os olhos e os ouvidos do coração.

Cristo não vem sem o Espírito. A Palavra não se manifesta a não ser no silêncio. Uma antiga antífona para uma das missas de Natal é uma adaptação livre de um verso do livro da Sabedoria e apresenta o Verbo de Deus nascendo no meio do silêncio da noite: "Quando um profundo silêncio envolvia e tudo aquietava no meio da noite, a nós chegou a tua Palavra..." (cf. Sb 18,14, na versão do *Ofício Divino das Comunidades*, 12. ed., p. 236, antífona do Cântico de Zacarias para a festa do Natal).

Como garantir essa dupla presença de Cristo e do Espírito na missa? Depende antes de tudo do trabalho da equipe: deve cuidar do equilíbrio entre falas e silêncios, deve incrementar outras formas de comunicação sem palavras. Sempre cabe um silêncio antes do início da celebração, após o "Oremos...", após cada leitura, após a homilia, entre uma prece e outra, após a comunhão... Mas depende em grande parte também da concentração de cada pessoa participante. É preciso participar e prestar atenção a todo o desenrolar da celebração, a partir do coração da gente. (Há pessoas que só vêem o folheto na frente dos olhos!) É preciso *buscar* o lado de dentro das coisas, a presença velada de Deus e abrir-se para o encontro que pode acontecer a todo momento. É preciso ver para além daquilo que se vê, ouvir para além daquilo que se ouve, perceber para além daquilo que se percebe...

Para a reunião da equipe

Temos garantido os espaços de silêncio na missa?

ESTRUTURA DA LITURGIA DA PALAVRA

(Atenção: nem todos estes elementos entrarão em todas as missas!)

- Refrão meditativo para criar clima de escuta.
- Primeira leitura (introduzida por breve motivação e seguida por breve silêncio).
- Salmo responsorial.
- Segunda leitura (introduzida por breve motivação e seguida por breve silêncio).
- Aclamação ao evangelho (acompanhada de procissão com o livro do evangelho).

PROCLAMAÇÃO DO EVANGELHO
(com incensação do livro no início;
com retomada da aclamação ao evangelho e elevação do livro,
no final da proclamação.

- Homilia.
- Breve silêncio.
- Canto após a homilia.
- Profissão de fé.
- Oração dos fiéis.

Lembretes a respeito da liturgia da Palavra

1) O objetivo da liturgia da Palavra é reavivar o diálogo da Aliança entre Deus e o seu povo, receber do Senhor uma orientação para nossa vida, estreitar os laços de amor e fidelidade.

2) A atitude básica é de *escuta* respeitosa e amorosa, para que Deus possa dizer sua Palavra no momento atual de nossas vidas. É também de *resposta*, de adesão, de tomada de posição, de decisão, de mudança de rumo se for preciso, para que a palavra possa frutificar.

3) A liturgia da Palavra bem que poderia iniciar-se com um refrão meditativo, repetido várias vezes, criando o clima de escuta. A título de exemplo:

- "Fala, Senhor, fala da vida, só tu tens palavras eternas, queremos ouvir...";

- "Escuta, Israel, o Senhor é nosso Deus; um é o Senhor...";

- "É como a chuva que lava, é como o fogo que abrasa: tua palavra é assim; não passa por mim sem deixar um sinal!";

- "Desça como chuva a tua palavra, que se espalhe como orvalho, como chuvisco na relva, como o aguaceiro na grama. Amém!";

- "Envia tua Palavra, Palavra de salvação, que vem trazer esperança, aos pobres libertação!";

- "Que arda como brasa, tua Palavra nos renove, esta chama que a boca proclama!"

Outra possibilidade é criar esse espaço de escuta por meio do rufar de um tambor ou de outro instrumento de percussão; em celebrações muito solenes, poderíamos, quem sabe, tocar a trombeta ou outro instrumento de sopro.

4) Normalmente, toda a proclamação da Palavra se faz da Estante da Palavra, que foi reintroduzida com a renovação litúrgica do Concílio Vaticano II: as leituras, o evangelho, e também o salmo e a oração dos fiéis. Até mesmo a homilia pode ser proclamada dali (ou da cadeira do presidente).

5) Às vezes, o local da celebração é tão pequeno que mal cabe uma mesinha para servir de altar. Nesse caso, servirá também de mesa da Palavra. Ou então, quem proclama a leitura, faça de suas próprias mãos como que uma mesa para as Sagradas Escrituras!

6) Assembléias numerosas precisam de microfone. Mas não basta ter uma boa instalação de som, se os ministros não receberem uma orientação de como usá-la. É necessário também que uma pessoa da equipe fique atenta aos problemas práticos que possam surgir: se é preciso abaixar ou aumentar o volume, subir ou descer o microfone, resolver a microfonia...

7) Os leitores são ministros da Palavra. Por meio de seu ministério, Cristo vai falar a seu povo reunido. Por isso, não se deve improvisar uma proclamação. Não se deve arrebanhar leitores cinco minutos antes do início da celebração! É preciso tempo para estudar a leitura, fazer com que desça até o coração do leitor ou da leitora através da oração.

8) As leituras bíblicas a serem proclamadas encontram-se na Bíblia ou no Lecionário, que já as trazem na ordem da celebração e do tempo litúrgico. Muitos ainda estão usando os "jornaizinhos" ou folhetos, por considerá-los mais "práticos". Os leitores podem levá-los para casa e fazer suas anotações... O que deve pesar na escolha de um texto ou outro é a linguagem: se vai ser mais fácil para a compreensão do povo ou não, se soará como uma linguagem atual ou de outros tempos. Merece atenção especial o tratamento: alguns textos usam "vós", que é arcaico e soa estranho principalmente às novas gerações; outros usam "tu" ou "você" e buscam expressões da linguagem corrente da maioria do povo...

De qualquer forma, caso decidam usar o folheto, coloquem-no dentro da Bíblia! O que devemos levar em procissão e mostrar ao povo após a proclamação não é o folheto (como ainda se vê por aí!), mas a Bíblia ou o Lecionário.

9) O certo mesmo é ter uma única Bíblia ou Lecionário para a proclamação de todas as leituras. A Bíblia (ou o Lecionário) que é levada em procissão será colocada na estante, não como enfeite para o povo ver, mas para ser usada pelos leitores. Não convém que cada leitor ou leitora apareça com a "sua" Bíblia! Pouco a pouco está sendo introduzido o uso de um Evangeliário, que contém somente as leituras do evangelho. É costume antigo trazê-lo[5] solenemente na procissão de entrada e colocá-lo sobre o altar, de onde será levado em procissão até a Estante da Palavra durante a aclamação ao evangelho. (Depois da proclamação é colocado sobre a credência.)

10) E por falar em Bíblia, Lecionário e Evangeliário: somente o leitor é quem deve ler o texto bíblico; as outras pessoas são convidadas a terem as mãos, os olhos e o coração livres para escutar![6]

11) Será necessário dizer, não só de qual livro, mas também de qual capítulo a leitura será tirada? Depende muito do tipo de povo reunido. Se houver interesse em procurar a leitura depois, em casa, é bom que se diga (a não ser que o povo tenha outros meios de encontrar tais indicações). No entanto, quem será capaz de guardar todos esses números?! Talvez seja suficiente dizer o nome do livro bíblico e o capítulo... Quem deve fazer isso? O próprio leitor poderá fazê-lo, a menos que já tenha sido anunciado pela pessoa que fez a motivação antes da leitura. Não temos por que repetir esses dados!

---

[5] IGMR, nn.194-195, diz que, na falta de diácono, o leitor poderá trazer o evangeliário na procissão de entrada.

[6] Se alguém quiser aprofundar esse assunto, leia o capítulo 11, "Inclinemos o ouvido do coração – Sobre a prática da escuta", do livro de Ione Buyst, *Liturgia do coração,* Paulus, 2003, pp. 44-46.

12) Quantas leituras se deve fazer? O lecionário do domingo prevê três; o lecionário para os dias da semana oferece duas. Tudo isso para que tenhamos maiores oportunidades para ouvir as Sagradas Escrituras. Portanto, o melhor é ficar com todas as leituras indicadas. Mas é a necessidade pastoral e o bom senso que irão ditar as regras. Tudo dependerá do tipo de comunidade reunida, do tipo de assembléia, das circunstâncias da celebração. Imaginem uma massa de gente reunida numa praça pública, num sol escaldante ou com chuva ameaçando cair: a caridade nos fará abreviar a celebração, não é mesmo? Nos casos de se optar, excepcionalmente, por uma única leitura, tudo indica que deveremos escolher o evangelho.

13) O salmo responsorial (ou salmo de resposta) pode ser cantado de forma "direta" pelo salmista, ou seja, sem intervenção da assembléia. No entanto, é preferível a chamada "forma antifonal": o salmista canta os versos e o povo intercala com o refrão. Esse não é o momento para todos cantarem o salmo inteiro, como pode acontecer na entrada ou na comunhão, ou principalmente na Liturgia das Horas ou no ofício divino. O salmo responsorial é como uma leitura, uma leitura cantada: todos são chamados a ouvir e responder com o refrão.

14) Se o evangelho for proclamado por um diácono, este costuma pedir a bênção ao que preside, da seguinte forma: enquanto se canta a aclamação ao evangelho, ele se inclina diante de quem preside e pede em voz baixa: "Dá-me a tua bênção". O presidente abençoa dizendo: "O Senhor esteja em teu coração e em teus lábios para que possas anunciar dignamente o seu Evangelho: em nome do Pai e do Filho e do Espírito Santo". E o diácono responde: "Amém". Não seria significativo fazer esse mesmo rito no caso de um leigo ou uma leiga assumirem tal ministério diaconal?

15) Quem proclama o evangelho, faz o sinal-da-cruz no livro, na fronte, na boca e no peito, enquanto diz: "Proclamação do Evangelho de Jesus Cristo, segundo..." e acrescenta o nome do evangelista.

16) Principalmente nos dias de festa (e é bom lembrar que todo domingo é Páscoa semanal!) podemos usar incenso e velas para acompanhar a proclamação do evangelho. Se for à noite, podemos ainda jogar jatos de luz sobre a estante da Palavra, deixando o resto do recinto na penumbra, expressando e facilitando assim a concentração de todas as pessoas presentes nas palavras de Jesus.

17) No final da proclamação, o livro (e não o folheto!) pode ser beijado, elevado para todos verem, enquanto se repete a aclamação, possivelmente com palmas e outras expressões de alegria.

18) Algumas passagens do evangelho se prestam muito bem à encenação. Nesse caso, é melhor usar o próprio texto bíblico, sem muitos enfeites ou complementações. Vamos explorar o texto do modo que está na Bíblia. E vamos nos lembrar ainda que dramatização na liturgia não é uma representação teatral. (Por isso, quem faz a dramatização não "entra" e "sai" do recinto onde a assembléia está reunida, mas participa da celebração, o tempo todo, com a comunidade. Se tiver de usar um traje especial, é preferível que o use durante toda a celebração.)

19) No final da proclamação do evangelho, diz-se: "Palavra da Salvação" (e não palavras, no plural). O evangelho, a Boa-Nova, é um só e se refere à pessoa de Jesus Cristo, Palavra de Deus para toda a humanidade.

20) É bastante comum as comunidades perguntarem se não se pode "substituir" uma leitura bíblica por uma leitura da vida de um santo, ou de um documento oficial da Igreja, ou por um texto poético ou um recorte de jornal. Eu diria: não vamos usar o verbo "substituir", porque nada pode substituir as Escrituras Sagradas. Mas podemos, sim, acrescentar outros textos. Na Liturgia das Horas estão previstas leituras dos Pais e Mães da Igreja (leitura patrística) e da vida dos santos (leitura hagiográfica). Não seria um ganho se algumas comunidades aproveitassem essas leituras na sua celebração de domingo? Quanto às

poesias, aos recortes de jornal, trechos de documentos oficiais da Igreja: talvez seja melhor associá-los à homilia ou à recordação da vida.

21) Algumas comunidades, em vez de fazer uma recordação da vida nos ritos iniciais, preferem lembrar os fatos importantes da semana no início da liturgia da Palavra, como se fosse uma leitura da atuação de Deus em nossa realidade. Nesse caso, não devemos nos esquecer de fazer a interpretação de tais fatos na homilia. Nenhum fato é de per si Palavra de Deus; deve ser "lido", interpretado como tal, na comunidade reunida.

22) Principalmente em comunidades menores, é preferível que a homilia seja dialogada. O Espírito Santo fala a toda a comunidade. O papel do homiliasta é trazer elementos exegéticos para a compreensão do texto bíblico, conduzir a conversa e assegurar a possibilidade de todos participarem e tirarem proveito espiritual da partilha. Não pode deixar a conversa solta. É importante também que, no final, "amarre" alguns pontos mais importantes, tanto para a vivência no dia-a-dia como para a participação no mistério celebrado nessa determinada missa.

23) Com a crescente divulgação da leitura orante da Bíblia, muitas comunidades criaram o costume de, no final da proclamação do evangelho, todos terem a oportunidade de meditar o texto proclamado pela repetição de uma ou outra frase. Assim: depois da proclamação, há um breve silêncio; e aí, quem quiser, repete em voz alta uma pequena parte do texto. Todos ouvem e meditam essa palavra, repetindo-a no coração. Esse é um costume muito valioso que está dando resultados. Mas não podemos reduzir a homilia a isso. Tal repetição é apenas o começo da homilia! O texto bíblico pede para ser interpretado e relacionado com nossa realidade atual e com o sacramento celebrado.

24) Como assegurar a participação do povo nas assembléias maiores? A meditação da qual falamos no item anterior pode ser um bom começo. Falar pouco é regra preciosa: sete a dez minutos no máximo.

Falar pouco, no entanto, não significa empobrecer o conteúdo! Pelo contrário: todas as pessoas esperam um alimento espiritual forte, bem ligado com a vida, dando esperança em tempos de desalento, despertando nosso amor para com Deus e nossa disposição firme no seguimento de Jesus. Por isso, é preciso preparar-se bem para falar somente o essencial. Um breve silêncio depois da homilia provoca a tomada de consciência pessoal e o compromisso pessoal com a palavra ouvida.

25) Mandar repetir frases no meio da homilia pode ser um modo adequado de todos participarem? Não sei se, do ponto de vista didático, isso possa ser interessante. Mas homilia não é aula. Existe o perigo de infantilizar ou até manipular as pessoas. A repetição tem sentido no final de um salmo, no final de uma leitura, repetindo frases do próprio texto sagrado, de forma orante. E aí a repetição é pessoal, livre: a pessoa escolhe uma frase que mais lhe tocou, que mais falou a seu coração. Não é uma execução massiva, como que propagandística, muitas vezes em tom de "palanque", com palavras ditadas por outra pessoa.

26) Antes do Concílio Vaticano II, o sermão começava e terminava com o sinal-da-cruz e era completado com a aclamação "Louvado seja nosso Senhor Jesus Cristo"... É que o sermão era considerado uma peça à parte dentro da missa. Interrompia-se a missa (que era em latim) para fazer o sermão na língua do povo. Hoje não é mais assim. Não se deveria mais fazer sermão, e sim homilia. E a homilia é parte integrante da missa. Por isso, não faz sentido iniciá-la nem terminá-la com o sinal-da-cruz e com a aclamação "Louvado seja nosso Senhor Jesus Cristo...". Se quiserem que não se perca essa bonita aclamação, poderão aproveitá-la no final da missa, após a bênção, por exemplo.

27) Alguns poucos documentos falam de um canto após a homilia (DMCr, n. 46; CNBB, *Estudo sobre os cantos da missa,* p. 72; HIN III, p. 13). Seria de preferência um tipo de responsório, com versos cantados por um solista e a repetição de um refrão por parte da assembléia.

Retomaria a temática do evangelho e ajudaria a meditar e gravar no coração a palavra ouvida e interpretada. Um exemplo, ligado com o capítulo 15 do evangelho segundo João:

- Eu sou a videira, vocês são os ramos e meu Pai é o agricultor!
- Vocês vão dar frutos, unidos a mim, na vida fraterna, pra sempre, sem fim.
- A glória de Deus vai ser conhecida, por meio dos frutos da nossa vida (*Ofício Divino das Comunidades*, 12. ed., pp. 421–422, com quatro estrofes).

Pode-se criar outros textos com a mesma melodia, relacionados com outras passagens bíblicas; por exemplo, com Mateus 5,13:

- Vocês são o sal, o sal tem sabor, sal da terra, diz o Senhor!

28) O "Creio" ou Profissão de fé tem uma história longa e conturbada. Não é um canto nem um texto comunitário, mas uma profissão de fé individual, emprestada à celebração do batismo: creio (não: cremos...). Entrou na missa por volta dos anos 500, no Oriente, na briga teológica entre Igrejas. Rezar o "Creio" de um determinado modo, era uma forma de "vacinar" o povo contra as "heresias" e afirmar a própria fé, diferente da maneira de crer de outra Igreja! Hoje, evidentemente, não o fazemos com esse espírito, mas, sim, como uma afirmação solene daquilo que cremos: a obra da criação do Pai, a redenção pelo Filho, a santificação pelo Espírito Santo... É melhor não cantá-lo, para guardar o caráter de profissão. É importante usar um dos dois textos oficiais (o *"Creio" apostólico,* mais simples, conhecido de memória por todos, e o *"Creio" Niceno-Constantinopolitano*, mais longo e menos conhecido). Existe também o texto ecumênico, que é praticamente o "Creio" apostólico (cf. ODC, 12. ed, pp. 655-656).

29) Para facilitar a participação orante de todas as pessoas na oração dos fiéis, podemos propor uma resposta cantada. Alguns exemplos de textos e melodias espalhados por aí:

- *Escuta-nos, Senhor da glória!*
- *Inclina, Senhor, teu ouvido, escuta nosso pedido!*
- *Kyrie eleison* (texto grego muito antigo, que quer dizer: Senhor, tem compaixão!)
- *Maranathá, vem, Senhor Jesus!* (Maranathá é uma palavra em aramaico, a língua de Jesus e das primeiras comunidades, e que significa: Vem, Senhor!
- *Ouve, Deus de amor, nosso clamor!*
- *Ouve-nos, amado Senhor Jesus.*
- *Ouve-nos, Senhor!*
- *Senhor, escutai a nossa prece!*

4
DUAS MESAS

20. Dois momentos

Na passagem bíblica do encontro dos dois discípulos com o Senhor Ressuscitado, na volta de Jerusalém para Emaús (Lucas 24,13-35), podemos perceber claramente duas cenas distintas. A primeira cena passa-se no caminho, com os três conversando. A segunda cena acontece em casa, a convite dos dois discípulos, e aí, durante o jantar, os dois reconhecem Jesus na fração do pão.

Em nossa missa atual, percebemos essa mesma estrutura: a liturgia da Palavra e a liturgia da eucaristia como duas partes importantes, enquadradas pelos ritos iniciais e os ritos finais.

A liturgia da Palavra é mais que uma "preparação" para a liturgia eucarística. Nela, como na liturgia eucarística, Cristo está presente e nos oferece sua vida em comunhão. É por isso que falamos de duas mesas: a mesa da Palavra e a mesa eucarística. Nessas duas mesas recebemos o alimento para nossa vida de fé.

A liturgia da Palavra se faz em torno da estante da Palavra; o altar deveria ser usado somente para a liturgia da eucaristia. Assim como o altar, a estante da Palavra deveria ter um lugar de destaque na igreja; deveria ser vista com facilidade por todas as pessoas participantes. Quando olhamos para a estante, quando olhamos para o ministro que proclama as passagens bíblicas, para o salmista que canta o salmo ou para quem proclama o "Exulte" da vigília pascal, olhamos para o Cristo. Recebemos de sua boca a palavra da vida. (Da estante podem ser feitas também a homilia e as preces dos fiéis. Não é bom que seja usada para outras funções.)

Entre o momento da palavra e o momento da eucaristia, cabe como que uma pausa, um momento de passagem. Um silêncio adequado ou um interlúdio instrumental podem nos ajudar nisso: deixamos a palavra ouvida descer em nossas camadas mais profundas. Um possível abraço da paz poderá solicitar a renovação de nosso compromisso comunitário, nossa opção de viver voltados para outras pessoas, e não "encaracolados" dentro de nós mesmos. Também a coleta de dinheiro e outros donativos e a preparação das oferendas poderá nos dar a oportunidade de reassumir nossas vidas e redirecioná-las para o Cristo e sua proposta.

Para a reunião da equipe

A estante da Palavra tem recebido o mesmo destaque que o altar (pelo uso que dela fazemos, pela ornamentação, pela sua colocação no presbitério...)?

21. Dois momentos, um só encontro

Há duas partes bem distintas na missa: a liturgia da Palavra e a liturgia da eucaristia. Mas é importante perceber que não se trata de dois momentos estanques, desligados um do outro. Os dois momentos nos ajudam a viver um único encontro, com uma mesma pessoa: Jesus

Cristo. Como aos discípulos de Emaús, primeiro nos fala, conversa sobre nossa vida, à luz das Sagradas Escrituras, e depois preside a fração do pão, a liturgia eucarística.

Como podemos em nossa vivência celebrativa unir mais esses dois momentos? Como viver mais profundamente a relação que existe entre os dois? Vamos prestar atenção a três "ganchos" importantes, para aproveitá-los bem: a homilia, o prefácio e o canto de comunhão.

A homilia aquece nosso coração e nos introduz na realização sacramental do mistério anunciado na Palavra proclamada: aquilo que é dito na liturgia da Palavra, acontece conosco, sacramentalmente, na liturgia eucarística. E a homilia precisa dizer isso, explicitar essa ligação, convidar para a entrega à pessoa do Senhor, por meio da celebração eucarística.

No prefácio retomamos, agora em forma de louvor, tudo o que o Senhor fez por nós e que foi anunciado na liturgia da Palavra. A escolha do prefácio, portanto, levará em conta a festa ou o tempo litúrgico, mas também os acontecimentos atuais, seja da comunidade eclesial seja da sociedade local, regional, nacional ou internacional... Muitos presbíteros já redescobriram sua missão profética e conseguem ultrapassar a recitação formalista de um texto escrito, para expressar — na liberdade do Espírito — o louvor eucarístico da comunidade reunida no aqui e agora da história.

O canto de comunhão deveria preferencialmente retomar ou evocar o evangelho do dia, de modo que nos levasse a nos unir e nos comprometer com o Senhor, do modo como se apresentou na liturgia da Palavra. No *Hinário litúrgico* da CNBB, vol. III, encontramos os cantos de comunhão acompanhando todos os evangelhos do lecionário dominical, anos A, B e C. Cada comunhão eucarística nos permite assim vivenciar matizes espirituais sempre novas, enriquecedoras e desafiadoras, fazendo amadurecer nosso seguimento de Jesus.

Para a reunião da equipe

Os três "ganchos" entre liturgia da Palavra e liturgia eucarística têm sido bem aproveitados? De que forma?

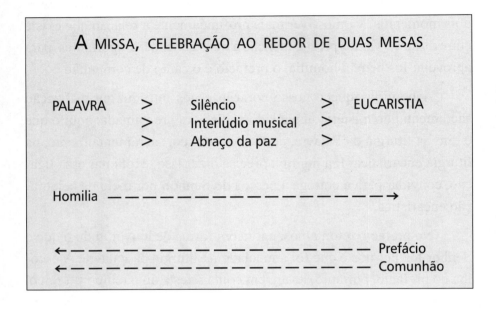

5
LITURGIA EUCARÍSTICA, CEIA DO SENHOR

22. Na noite em que ia ser entregue...

Para vivermos e compreendermos a missa, e principalmente a liturgia eucarística, será preciso voltar, sempre e sempre de novo, à última ceia de Jesus, relatada no Novo Testamento. O que Jesus fez? Por que o fez? Como as comunidades dos discípulos entenderam essa ceia?

"Na noite em que ia ser entregue, Jesus tomou o pão [...], tomou o cálice em suas mãos [...]" Jesus celebrou a ceia na noite em que ia ser entregue... noite marcada pela traição de Judas ("Um de vocês me entregará"). Mas Judas não era a figura principal no conflito. Quem estava mesmo querendo acabar com a vida de Jesus eram as autoridades que se sentiam incomodadas com a proposta e a maneira de atuar de Jesus. Quiseram eliminá-lo por causa de tudo o que disse e fez. Consideravam-no um perigo para a nação. Sua presença e atuação juntava os pobres, e estes começaram a acreditar que as coisas podiam mudar. Os coxos andavam, os cegos enxergavam, os surdos começavam a ouvir.

Partilhava seu saber com os pobres. As mulheres e as crianças eram por ele respeitadas e levadas em conta... Uma imensa alegria e esperança começou a tomar conta do povo mais sacrificado, marginalizado, excluído, enquanto o medo e a indignação crescia entre os privilegiados.

Propor mudanças que tiram os privilégios de quem está no poder, seja na sociedade, seja na família, seja na Igreja, ou em qualquer lugar de convivência humana, é complicado. Acarreta conflitos, tensões, perseguição... Foi assim no tempo da saída da escravidão do Egito, foi assim no tempo de Jesus, foi assim na vida das primeiras comunidades descritas nos Atos dos Apóstolos, e é assim hoje. A proposta de uma convivência baseada na partilha do poder, do saber, dos bens (das terras, dos lucros...) uma convivência baseada na solidariedade com os mais fracos... depende de um aprendizado lento e difícil de todos nós. E a missa, como a ceia de Jesus, situa-se no centro desse aprendizado, no meio do conflito, no centro dessa busca, que dá esperança a uns e medo a outros. Isolar a missa de tal realidade, fazer dela uma bela cerimônia recheada de sentimentos religiosos, é truncar a proposta de Jesus. Todas as vezes que celebramos a eucaristia, alguém, em algum lugar do mundo, está sendo entregue, está sofrendo perseguição por causa da tentativa de se construir um mundo justo e fraterno, um mundo onde haja lugar para todos; é preciso nos lembrar dessas pessoas e situações quando estamos reunidos para celebrar a ceia do Senhor. Nelas, é o Senhor Jesus que está sendo entregue.

Para a reunião da equipe

Vamos olhar nossa realidade, nossa região, nosso país, nosso mundo: quem está sendo perseguido por causa da tentativa de ajudar a construir uma sociedade justa, fraterna, de igualdade? De que forma podemos nos lembrar dessas pessoas em nossa missa?

23. Projeto de uma nova sociedade

A missa não existe somente para a própria Igreja, para a comunidade eclesial; não basta criar laços fraternos entre os membros da comunidade. Na missa está embutida uma missão social e política: a de criar comunhão e participação na sociedade, de abrir espaço para o Reino de Deus, que é de fraternidade, de partilha, até nas estruturas sociopolíticas, econômicas e culturais. A eucaristia é sinal que profetiza, sinaliza, antecipa e apressa esse Reino, que na Bíblia muitas vezes é apresentado como um grande banquete (por exemplo: Is 25,6 e 55,1-2; Mt 8,11; 22,2-14; 26,29; Ap 3,20 e, principalmente, Lc 14,15-24). Os convidados privilegiados são os atuais excluídos e marginalizados da sociedade. A eucaristia é sinal de partilha, sinal de um mundo sem fome, sem miséria, sem exclusão.

Se a eucaristia anuncia a possibilidade de uma sociedade diferente da que está aí, é natural que seja também momento de denúncia dos fatos da realidade que impedem a vinda do Reino de Deus. Isso está em continuidade com a tradição profética e evangélica. É preciso denunciar os desmandos de poder, a violência, a concentração de terras, poder, capital etc. nas mãos de poucos, a falta de oportunidades iguais para todos os cidadãos... porque são o oposto daquilo que celebramos na eucaristia. Positivamente, qualquer iniciativa no sentido de promover a cidadania, a comunhão e a participação de todos, de acabar com a exclusão, também merece ser anunciada na celebração.

Bem entendida, a celebração eucarística é sinal profético, "escola" de cidadania, de convivência em respeito, justiça e solidariedade; um exercício de partilha e de distribuição dos bens. Quanto mais participação houver, tanto no momento da celebração como na preparação, melhor será. Quanto mais claros e significativos forem os sinais de partilha que fazem parte do próprio rito da missa, mais efeito pedagógico e mistagógico terão na vida da comunidade.

Para a reunião da equipe

As missas em nossa comunidade têm expressado a realidade da sociedade e a necessidade de mudança, para que o Reino de Deus possa crescer?

24. Fazer aliança com a causa do oprimido

Precisamos comer e beber para continuar vivos. Festejamos com um bom jantar ou almoço o nascimento de uma criança, a cura de uma doença, a volta de alguém que escapou da morte num acidente... Mesmo a morte de alguém é motivo para os vivos comerem e beberem juntos: no velório ocorre um cafezinho e quitutes...

Mas nem todos têm os mesmos motivos para festejar. O que é "morte" para uns pode significar "vida" para outros. Por isso, nem todos se sentam à mesma mesa. Enquanto os parentes e companheiros da vítima de uma emboscada se reúnem para velar o corpo, os assassinos podem estar unidos num churrasco para festejar o sucesso da emboscada! Comer e beber juntos tem a ver com aliança. Os aliados se reúnem para expressar e reforçar sua união, seu pacto, para defender seus interesses. Uns se reúnem de cá, outros de lá.

Jesus foi morto por tratar e defender os pobres como primeiros destinatários do Reino de Deus. Sua ceia é celebração da aliança do Deus da Vida com o povo pobre, oprimido, excluído, ameaçado de morte. Deus, em sua grande compaixão e ternura, torna-se parceiro desse povo e luta com ele contra as forças que planejam sua morte física, econômica, social, política ou cultural. E quem se senta à mesa do Deus da Vida se compromete a lutar contra a exclusão e contra todas as formas de extermínio dos pequenos. Compromete-se a buscar uma nova ordem social, econômica, política... uma nova sociedade com os traços do Reino de Deus, anunciando e antecipando esse Reino.

Há um canto bastante conhecido nas comunidades eclesiais de base que expressa bem isso: "Receber a comunhão com esse povo sofrido, é fazer aliança com a causa do oprimido... Celebrar a eucaristia com famintos e humilhados, com o pobre lavrador sem ter nada no roçado, é estar em comunhão com Jesus crucificado!".

Para a reunião da equipe

Na missa, de que maneira temos conseguido expressar a realidade social, convocando o povo de Deus a um compromisso com a transformação da sociedade?

25. Sentou-se à mesa com eles

Comer e beber é indispensável para a sobrevivência. Mas o fato de nos sentarmos *juntos* à mesa, de comer e beber *juntos*, acrescenta muito ao simples ato de comer e beber. É uma questão de sobrevivência espiritual para o ser humano. Quem de nós já não experimentou a alegria, a paz, a satisfação de poder partilhar comes e bebes com familiares e amigos? Não é só o estômago, é todo o nosso ser que é alimentado pela presença e atenção das outras pessoas, pelas conversas, pela partilha dos alimentos. Cresce a amizade, o amor, a solidariedade...

Não é à-toa, então, que os evangelhos nos mostram a toda hora Jesus comendo e bebendo com alguém. (Até conseguiu com isso a fama de comilão e beberrão!) Parece que eram para ele momentos privilegiados de sua missão. Sentava à mesa com prostitutas, cobradores de impostos e outros excluídos, evitados por "pessoas de bem". Para ele era natural que não poderiam ficar fora do banquete da vida. O Reino de Deus nasce e cresce quando sentamos juntos ao redor de uma mesa para comer e beber, reconhecendo uns nos outros os convidados do Reino do Pai.

Também naquela noite em que ia ser entregue, Jesus sentou-se à mesa com os seus. Na intimidade da comunhão fraterna, entregou aos discípulos o segredo de sua vida e missão: amaria os semelhantes até o fim, até a doação total de sua vida, e confiava no Pai, acreditando que esse gesto não seria em vão: "Isto é meu corpo entregue, meu sangue derramado, minha vida oferecida a Deus, a favor de vocês...". O pão e o vinho passavam de mão em mão, marcando indelevelmente, corporalmente, amarrando todos na comum união, na cumplicidade, no compromisso com a continuidade da missão. Apesar do momento trágico, carregado de tristeza e de morte, um quê de alegria e de vitória se insinuava: "Desejei ardentemente comer esta Páscoa com vocês antes de sofrer! Pois eu digo a vocês que já não a comerei até que ela se cumpra no Reino de Deus!".

A cada vez que nos sentamos à mesa para fazer a ceia em memória do Senhor, estabelece-se essa mesma cumplicidade, a mesma comum união, o mesmo compromisso, a mesma alegria e anúncio de vitória: "Anunciamos, Senhor, a vossa morte! Proclamamos a vossa ressurreição! Vinde, Senhor Jesus!".

Para a reunião da equipe

Participar da missa, comer do pão e do vinho da mesa do Senhor, está tendo para nós este sentido de forte união e de compromisso com Jesus e com os excluídos da sociedade?

26. Comemos e bebemos com ele

Entro na igreja e vejo bem visível, no centro das atenções, a mesa. Alguém vem e coloca uma toalha. Outras pessoas trazem um prato e um copo, uma cesta com pão e uma jarra com vinho. Estamos reunidos para fazer a ceia do Senhor. Aquele gesto característico de Jesus, de sentar-se à mesa com os seus, com os convidados do Reino do Pai, ficou sendo o gesto característico que identifica a comunidade dos discípulos de Jesus, depois de sua morte. Em todas as igrejas cristãs, a mesa é preparada regularmente, para celebrar a Páscoa do Senhor.

De fato, aquela que costumamos chamar de "última" ceia, na verdade, não foi a última. Os evangelhos e os Atos dos Apóstolos nos contam de muitas outras refeições tomadas com o Senhor, depois de sua ressurreição: com os discípulos de Emaús, com os apóstolos reunidos em Jerusalém, na praia do lago de Tiberíades. Na casa de Cornélio, Pedro dirá: "Ele se mostrou vivo a nós que comemos e bebemos com ele depois de sua ressurreição dentre os mortos". Também nós podemos dizer que comemos e bebemos com ele, a cada celebração eucarística, a cada celebração da ceia do Senhor. Ele está presente, glorioso, ressuscitado, em cada um dos ministros, em cada um dos participantes da ceia em seu nome. Podemos vê-lo presidindo a mesa, dando graças ao Pai, repartindo o pão, passando o cálice com vinho.

Será que podemos, de fato, vê-lo? Será que as nossas missas são transparentes o suficiente para deixar "aparecer" o Senhor nos sinais da mesa posta, na cesta com pão, na jarra com vinho, no convívio solidário entre os irmãos, no pão partilhado, no vinho saboreado? Devemos reconhecer o Senhor pela fé, mas esta precisa dos sinais, das ações simbólicas e rituais que ele nos deixou para celebrar sua Páscoa. Por que continuamos usando hóstias em vez de pão? Por que o padre não observa as mínimas regras de boas maneiras e come e bebe antes que todas as outras pessoas tenham sido servidas? Por que damos nomes tão estranhos como patena, cibório, corporal, sanguinho... a objetos que deveriam ser familiares como prato, toalha, guardanapo? Por que continuamos usando para o padre um prato e um pão diferentes, separados do prato e do pão de todo o povo? Por que não conseguimos acabar com as longas filas de comunhão, que reforçam uma mentalidade individualista e pouco nos ajudam a viver a eucaristia como um comer e beber fraternalmente juntos? Por que não usamos a mesa para servir o alimento? Por que continuamos dando a comunhão ao povo sistematicamente com hóstias tiradas do sacrário, em vez de servir da mesa posta? Por que continuamos negando o vinho a toda a assembléia? Por que as nossas missas são tão formais e se parecem tão pouco com as reuniões familiares dos discípulos com o Senhor Ressuscitado?

Para a reunião da equipe

O que podemos fazer para que "apareça" claramente que a missa é uma ceia, mesa de convívio com o Ressuscitado?

27. Façam isso em memória de mim!

"Fazer memória" é um dado bíblico muito importante, redescoberto recentemente e que veio nos ajudar a compreender melhor o sentido da celebração eucarística. Ao fazer memória, temos hoje acesso a um fato passado, a partir de nossa atualidade, do aqui e agora. Nós nos tornamos participantes desse acontecimento importante, graças à ação ritual, simbólica, que evoca tal fato. Assim, na ceia pascal, os judeus fazem memória do êxodo e, participando da ceia, consideram-se participantes dessa ação libertadora do Senhor, trazida para o momento atual.

Na missa, fazemos memória da última ceia de Jesus e de sua morte–ressurreição à qual essa ceia se refere. O que Jesus fez na última ceia, ele o faz de novo com seu povo reunido, a cada domingo: toma o pão e o vinho, dá graças, parte o pão e o distribui, entrega o cálice para todos beberem, em sinal da nova e eterna aliança, em sinal da libertação pascal.

Em que momento da missa isso acontece? Não no momento da chamada "consagração", como muita gente costuma pensar, mas ao longo de toda a liturgia eucarística. Cada parte dessa liturgia corresponde a um dos gestos de Jesus na última ceia: "Jesus tomou o pão, tomou o cálice com vinho..."; nós preparamos a mesa e trazemos o pão e o vinho: "Jesus deu graças" ; nós dirigimos ao Pai a festiva ação de graças e louvor, chamada "oração eucarística" ou "anáfora": "Jesus partiu e deu a seus discípulos, dizendo..."; nós fazemos (ou deveríamos fazer) a fração do pão e distribuímos o pão e o vinho entre as irmãs e os irmãos reunidos.

Teremos de redescobrir o sentido da chamada "consagração" dentro desse conjunto de gestos do Senhor. Comecemos prestando atenção ao tempo dos verbos: tomou, deu graças, partiu, deu, disse... Os verbos estão no passado, não é mesmo? O missal dá a essa parte da missa o nome de "narrativa da instituição". É como um *flashback* dentro de um filme, evocando um momento histórico passado que vem esclarecer e revelar o pleno sentido do momento presente... Se não tivermos a coragem de rever o modo de ritualizar essa narrativa (como não tivemos até agora), não será possível sermos coerentes com a compreensão teológica renovada pelo Concílio Vaticano II e continuaremos a repetir, na celebração e na catequese dita renovada, deformações do passado.

Para a reunião da equipe

Façam um cartaz, colocando, de um lado, os gestos de Jesus na última ceia e, do outro, as partes correspondentes da missa atual. (Se quiserem, depois poderão reproduzir em formato menor, recortar cada parte e transformar num jogo a ser usado na catequese. Melhor ainda se alguém fizer um desenho, caracterizando cada um dos gestos de Jesus na última ceia.)

28. Consagração

Consagrar é a mesma coisa que santificar. É fazer com que alguma coisa ou alguém seja entregue para o serviço de Deus e comece a ter parte na maneira de ser de Deus, como que "contaminado" pela proximidade de Deus.

O que é consagrado na missa? A primeira resposta que nos vem à mente é: o pão e o vinho. No entanto, teremos de lembrar o que o pão e o vinho representam. Representam a vida. Jesus, na última ceia, tomou o pão e o cálice com vinho em suas mãos para significar sua vida entregue a Deus. Consagrado pela unção do Espírito Santo, Jesus se consagra a si mesmo (assim o diz o evangelho de João). Ele assume a santidade recebida e vive de acordo com ela, de acordo com o Espírito Santo que o santificou. Por isso, ele é chamado "o Santo de Deus".

Jesus foi consagrado pelo Espírito Santo em vista de sua missão como Messias, para fazer acontecer o Reino de Deus no meio dos pobres. E nós? Como Jesus e unidos a ele, fomos consagrados, santificados; recebemos o Espírito Santo e somos chamados a assumir essa consagração, continuando a missão messiânica de Jesus, crescendo dia após dia no amor e na doação, dando assim testemunho, pela nossa vida, do amor de Deus que foi revelado na vida, morte e ressurreição de Jesus.

Em cada celebração eucarística, fazemos memória da consagração que Jesus fez de si mesmo ao Pai e renovamos a consagração total de nossas vidas a Deus. E nesse processo de amor–doação acontece conosco a mesma transformação que aconteceu com Jesus na sua Páscoa: passamos da morte para a vida. Comer do pão e beber do cálice que o Cristo nos entrega significa que somos santificados, transformados, consagrados. E todas as coisas que estão representadas no pão e no vinho (o trabalho das forças da natureza, o trabalho humano, a história...) vão sendo santificadas também. Participam da "pascalização" iniciada com Jesus Cristo. Vão sendo consagradas, transformadas, santificadas pela força do Espírito do Ressuscitado, até que Deus seja tudo em todos e que a obra de Deus esteja completa.

É por isso que pedimos na oração eucarística não somente pela transformação do pão e do vinho, mas de todas as pessoas participantes: que se tornem em Cristo um só Corpo e um só Espírito. E lembramos que Jesus "enviou o Espírito Santo como dom a seus fiéis, para santificar todas as coisas, levando à plenitude a sua obra" (Oração eucarística IV).

Para a reunião da equipe

A consagração é para nós apenas um momento, uma parte da celebração da missa? Ou é um acontecimento que atinge toda a nossa pessoa, toda a nossa vida, o mundo inteiro?

> ## Estrutura da Liturgia Eucarística
>
> A. PREPARAÇÃO DAS OFERENDAS
> (Jesus tomou o pão e o cálice com vinho...)
>
> B. ORAÇÃO EUCARÍSTICA
> (Jesus deu graças ao Pai...)
>
> C. RITOS DE COMUNHÃO
> (Jesus partiu o pão e deu o pão e o cálice com vinho a seus discípulos...)

A. Preparação das oferendas

29. Bendito seja Deus pelo pão e pelo vinho...

A liturgia eucarística acompanha em grandes linhas os gestos de Jesus na última ceia. Ele os retoma conosco em cada celebração eucarística, pelo sagrado memorial: toma o pão e o cálice com vinho, dá graças, parte o pão e nos dá o pão e o vinho, dizendo: Isto é minha vida doada por vocês. Comendo e bebendo deste pão e deste vinho, vocês ficam unidos a mim, formando como que um só corpo. Façam o que eu fiz. Coloquem sua vida a serviço de Deus, a serviço uns dos outros. Amem-se uns aos outros para que se realize o projeto do Pai numa sociedade sem excluídos e na vida de cada um e cada uma de vocês...

O primeiro gesto na liturgia eucarística é a apresentação das oferendas e a preparação da mesa. Pão e vinho são trazidos, simbolizando toda a nossa realidade: fruto da terra, fruto da videira e do trabalho humano. Ali estão presentes o dinamismo das forças cósmicas, toda a energia presente na natureza, em cada partícula de matéria; estão presentes a inteligência, a inventividade, a força de trabalho colocadas em ação pelo ser humano... No pão e no vinho estão condensadas a alegria de viver, produzir, criar, desfrutar, conviver... Mas estão presentes também o sofrimento, a dor, a humilhação de quem trabalha sem ganhar o suficiente, de quem não encontra mais emprego, de quem luta pela reforma agrária, contra a concentração das terras e dos bens nas mãos de poucos, a dor dos excluídos, a dor dos doentes, de quem se sente fracassado na vida, no amor, no trabalho... Estão presentes ainda, antecipadamente, o futuro melhor, a sociedade nova que Deus prometeu, que nós aguardamos e preparamos na esperança e que vai aparecendo entre nós em pequenos sinais de partilha, em mutirões, associações, cooperativas... e também em nosso dia-a-dia.

E o que fazemos, nesse momento da celebração, com o pão e o vinho? Colocamos sobre a mesa e bendizemos a Deus que em sua bondade nos proporcionou tudo isso: "Bendito seja Deus, pelo pão, pelo vinho...". Não é propriamente um ofertório. Nada oferecemos nesse momento. Estamos apenas preparando a oferta, a oblação que será feita na oração eucarística, no memorial do Senhor, quando toda a nossa vida é entregue ao Pai e assumida no mistério pascal de Jesus Cristo, juntamente com a vida de Jesus. Não deve haver dois momentos de ofertório! Só temos condições de oferecer nossa vida ao Pai, unida, inserida na oblação do próprio Jesus: "por Cristo, com Cristo e em Cristo".

Para a reunião da equipe

Façam neste momento uma pequena celebração. Coloquem na mesa um pão ou um bolo, ou pipoca ou biscoitos, de preferência preparados por alguém da equipe. Cantem várias vezes o refrão de um salmo, por exemplo: "Provem e vejam como o Senhor é bom!". Agradeçam a Deus pelos alimentos, pelos lavradores que plantaram e colheram, pelas pessoas que transformaram a matéria-prima em alimento... Rezem ou cantem o pai-nosso ("O pão nosso de cada dia nos dai hoje!"), sirvam-se uns aos outros...

30. Quem disse que não somos nada?

Na preparação das oferendas, temos o costume de trazer muitos outros símbolos do nosso viver além do pão e do vinho. Podem variar de acordo com o momento litúrgico ou com os acontecimentos na vida da comunidade: flores e frutas, os alimentos para a refeição fraterna ou para uma campanha contra a fome, instrumentos de nosso trabalho, o material para um mutirão, o dinheiro do dízimo e da coleta para o sustento da comunidade, o resultado de uma colheita ou de uma arrecadação de fundos, a fotografia de um mártir de quem se faz memória naquele dia...

Esse momento da preparação das oferendas costuma ser um dos mais criativos, alegres e descontraídos. Uma grande alegria toma conta de nós nesse momento, ao trazer tudo isso para a mesa, em sinal de nossa gratidão e de nossa disponibilidade de colocar a nossa vida a serviço de Deus e dos irmãos, como fez Jesus. É a alegria da entrega, da doação. Por isso, em geral, tal momento é acompanhado de cantos e dança. É como se toda a nossa vida fosse se encaminhando para entrar no movimento da oblação, da entrega de Jesus ao Pai: "Quem disse que não somos nada, que não temos nada para oferecer? Reparem nossas mãos abertas trazendo as ofertas de nosso viver...". Geralmente, a oração sobre as oferendas costuma expressar a passagem da preparação das oferendas para a oblação na oração eucarística.

Alguns outros gestos menos importantes completam esse momento ritual. Um pouco de água é colocado no cálice com vinho, conforme antigo costume judaico. O presidente da celebração lava as mãos; tal gesto prático, que era necessário antigamente (quando o povo entregava nesse momento os alimentos para o sustento do clero e para os pobres), agora é transformado num tipo de rito penitencial do presidente...

Em missas festivas, o presidente da celebração incensa o pão e o vinho, o altar, e um outro ministro incensa o presidente e o povo.

O mais importante é que esse momento tão dinâmico da preparação das oferendas não "morra" na hora em que iniciamos a oração eucarística. Esta deve vir em continuidade com a preparação das oferendas, como quando chegamos ao topo do morro após a subida. O objetivo da subida é o topo. Assim, o objetivo, a meta da preparação das oferendas é aquilo que acontece depois. O ponto alto para a qual a preparação das oferendas nos encaminha é a oração eucarística.

Para a reunião da equipe

Em nossas missas tem ficado clara a ligação entre a preparação das oferendas e a oração eucarística?

Estrutura da preparação das oferendas

(Atenção: nem todos estes elementos entrarão em todas as missas!)

- Preparação do altar (colocar as toalhas, o corporal, o sanguinho, o cálice, o missal ou o livro do altar, velas, flores...).
- Canto durante a preparação das oferendas, silêncio, ou música instrumental.
- Procissão com as oferendas (pão, vinho; outros dons para partilha na comunidade ou para pessoas necessitadas fora da comunidade; outros objetos simbolizando a vida...).
- Apresentação do pão ("Bendito sejas, Senhor, pelo pão...").
- Mistura da água no vinho.
- Apresentação do vinho ("Bendito sejas, Senhor, pelo vinho...").
- Oração silenciosa do presidente ("De coração contrito...").
- Incensação das oferendas e do altar, pelo presidente.
- Incensação do presidente e do povo, pelo diácono ou outro ministro.
- "Lavabo": o presidente lava as mãos, em silêncio.
- Convite à oração sobre as oferendas ("Orai, irmãos...").
- Resposta da assembléia ("Receba o Senhor...").
- Oração sobre as oferendas.

Lembretes a respeito da preparação das oferendas

1) Até o final das preces, a celebração foi realizada em torno da estante da Palavra com a Bíblia; o padre ficou sentado na sua cadeira, e poderá ter ocupado a estante da Palavra para a proclamação do evangelho e para a homilia. Só agora é que vai ocupar a mesa da eucaristia. Essa "mesa" certamente terá uma "cara" diferente, dependendo da cultura da comunidade celebrante. Uma coisa é celebrar numa catedral, numa matriz, com altar em cima do presbitério; outra coisa é preparar a mesa do Senhor com grupos indígenas ou com comunidades que querem levar a sério sua cultura afro-ameríndia, ou afro-descendente: preferem colocar uma toalha ou uma esteira no chão, no círculo dos participantes...

2) Geralmente, as crianças e os jovens gostam muito de participar ativamente nesse momento. Também outras pessoas "em destaque", em determinado domingo, poderiam ser convidadas para compor a procissão: lavradores, mulheres, operários, catequistas, aniversariantes...

3) O mais importante na procissão com as oferendas é o pão e o vinho. Em algumas comunidades costuma-se trazer em procissão também as toalhas, o cálice, a água, o corporal, o sanguinho... Não vamos colocar nada em cima do altar que não seja estritamente necessário, para que nosso olhar se concentre no pão e no cálice com vinho. Evitem-se almofadas ou estantes para colocar o missal.

4) O que é um "sangüíneo" (ou "sanguinho")? Digamos que é um tipo de guardanapo, usado quando bebemos do cálice da eucaristia, para não deixar nenhuma gota do vinho cair no chão. E o corporal? É outro tipo de guardanapo ou toalhinha um pouco maior, que se costuma abrir no centro do altar para colocar o recipiente com o pão e o cálice com vinho.

5) Sempre que possível, vamos trazer pão em vez de hóstias. Por quê? Por causa da "verdade do sinal" (pão tem de ser pão e ser reconhecido como tal) e para que seja possível fazer o gesto da fração do

pão (partir o pão em várias partes, uma para cada pessoa). De fato, esse gesto "que por si só designava a eucaristia nos tempos apostólicos, manifestará mais claramente o valor e a importância do sinal da unidade de todos num só pão, e da caridade fraterna pelo fato de um único pão ser repartido entre os irmãos" (IGMR, 3. ed., n. 321). Não se deve mais usar as tradicionais hóstias pequenas? De preferência, não; somente "quando assim o exigirem o número de comungantes e outras razões pastorais" (IGMR, 3. ed., n. 321). Já se tem hoje ampla experiência de celebrar com pão, em vez de hóstias, até em grandes concentrações com mais de cinco mil pessoas. Que não continuemos a optar pelas hóstias pequenas por acomodação ou falta de zelo pastoral!

6) Na Igreja Católica romana, recomenda-se usar pão sem fermento (pão ázimo). Aqui vai uma receita: misture farinha, uma pitada de sal, água, um pouco de óleo; sove bastante e espalhe até conseguir uma camada fina (de uns três a quatro milímetros de altura), formando um pão redondo de 10 a 15 cm. Com uma espátula ou faca, desenhe os cortes na massa, para facilitar a fração durante a celebração. Leve ao forno para assar. Se o pão ficar duro, embrulhe em pano úmido, uma hora antes da celebração. Se for preciso (dependendo do tamanho da assembléia), faça vários pães, para que haja o suficiente para servir a todos os participantes.

7) Qual o motivo de se usar pão sem fermento (pão ázimo) na missa? Esse costume foi introduzido em algumas regiões por volta dos anos 800 a 900, e só se generalizou na Igreja Católica pelos anos 1000 a 1100. Queriam retomar o uso da ceia judaica, na qual o pão sem fermento lembra a pressa dos judeus em fugir da escravidão do Egito (não dava tempo de a massa levedar). Nos textos do Novo Testamento, ao se falar da ceia de Jesus e da celebração eucarística das primeiras comunidades, não se insiste nisso; só se fala de pão. E sabemos que o povo trazia o pão de suas casas: pão caseiro, pão comum, do modo que se come em casa, pão fermentado. E assim foi durante mais de novecentos anos na Igreja Católica. E assim sempre foi e continua sendo nas Igrejas orientais e nas Igrejas protestantes e evangélicas. O Concílio

de Firenze, realizado em 1439, diz que a eucaristia pode ser feita com pão sem fermento ou com pão fermentado; não faz diferença.

8) E nas regiões onde não se conhece pão feito de farinha de trigo? O bom senso e a necessidade da inculturação não nos levarão a usar pão feito de milho, mandioca, aipim ou tapioca?

9) Não deve haver pão nem prato diferente para o padre. Mesmo em se usando hóstias, todas deverão ser colocadas num único recipiente (prato ou cesta etc...).[1] Se houver hóstias pequenas e grandes, que o padre não seja a única pessoa a comer da hóstia grande. Não é um detalhe; é uma questão de eclesiologia; diz respeito à maneira como entendemos a Igreja: em Cristo somos chamados a formar um só corpo, comendo de um único pão, e os ministros não estão fora ou acima desse corpo, que é a comunidade.

10) Além do pão para a eucaristia, podemos trazer ainda um outro pão (ou outros pães ou outros alimentos típicos da região) para serem distribuídos após a comunhão, principalmente às crianças e a outras pessoas que, por um motivo ou outro, não participam da comunhão eucarística. Esses alimentos poderiam receber uma bênção na hora da preparação das oferendas (mas não serão colocados sobre a mesa do altar).

11) Para pessoas que sofrem de alcoolismo, o vinho, como qualquer bebida alcoólica, é um problema. Como solucionar isso? Várias comunidades têm usado suco de uva, não fermentado.

12) A preparação das oferendas é um momento significativo para se trazer o dinheiro da coleta, do dízimo e de outras ofertas para o sustento da comunidade ou para ajudar pessoas que estejam passando necessidade (comida, remédios, material de construção...). De fato, a comunhão com o Senhor supõe comunhão, participação, solidariedade entre nós e para com todos. O ideal indicado nos Atos dos Apóstolos (2,42-47; 4,32-37) é que ninguém passe necessidade e que todos tenham tudo em comum.

---

[1] Cf. IGMR, 3. ed., n. 331.

13) O canto para acompanhar a preparação das oferendas não é dos mais importantes da missa. O missal não prevê nem mesmo uma antífona para esse momento (ao contrário da procissão de entrada e da comunhão). Por isso, não devemos ter medo de omitir o canto e deixar tal momento em silêncio (principalmente nas missas durante a semana), ou acompanhado por uma peça instrumental meditativa (órgão, violão, flauta...). Se houver canto ou música instrumental, o padre diga todas as orações em silêncio (menos, é claro, a oração sobre as oferendas e o convite para participar dela).

B. Oração Eucarística

31. Demos graças ao Senhor nosso Deus!

"Em que momento da missa você costuma agradecer a Deus?" A esta pergunta, a maioria das pessoas responde assim: depois da comunhão. Costumam agradecer pela própria comunhão, pela presença de Jesus em sua vida e na hóstia sagrada...

No entanto, o que Jesus fez e nos mandou fazer? Ele deu graças primeiro; depois é que entregou o pão e o vinho para comer e beber. É importante recuperar essa seqüência. Não é um simples detalhe. É um dado fundamental. Por quê? Porque o pão e o vinho da comunhão recebem o seu sentido da ação de graças feita antes. O que comemos e bebemos é o pão e o cálice da bênção, o pão e o cálice da ação de graças! (Vejam 1Coríntios 10,16-18). E o momento de fazer essa ação de graças é a oração eucarística. É bom lembrar que a própria palavra "eucaristia" significa "ação de graças". Juntos agradecemos a Deus com as palavras dessa oração, que é uma bendição sobre o pão e o vinho. Portanto, o certo é: primeiro agradecer (participando atentamente da oração eucarística) e depois comungar.

Mas, afinal, por que será que muitas pessoas atrasam a ação de graças para depois da comunhão? Por que aconteceu essa inversão? Provavelmente, porque alguém esqueceu de ensinar o sentido da oração eucarística. Esqueceram de nos dizer qual é o momento da ação de graças.

O convite que o presidente da celebração faz no início da oração eucarística é bem claro:

> "O Senhor esteja convosco" – "Ele está no meio de nós".
>
> "Corações ao alto!" – "O nosso coração está em Deus".
>
> "Demos graças ao Senhor nosso Deus!" – "É nosso dever e nossa salvação".

É um convite dirigido a toda pessoa presente para se unir de coração à ação de graças que a comunidade, corpo de Cristo, vai fazer pública e carinhosamente a Deus Pai. Essa ação de graças termina com a elevação do pão e do vinho, no final da oração eucarística, durante a doxologia (palavra de louvor) final: "Por Cristo, com Cristo e em Cristo, a vós, Deus Pai todo-poderoso, na unidade do Espírito Santo, toda honra e toda glória, agora e para sempre. AMÉM!".

Para a reunião da equipe

- Em que momento da missa *nós* costumamos agradecer?
- Como podemos ajudar a comunidade a viver esse momento da oração eucarística como agradecimento a Deus?

32. Um brinde para Deus Pai

A oração eucarística tem sua origem na bênção de mesa na tradição judaica. O pai de família ou um hóspede toma o pão em suas mãos, no início da refeição, pronuncia uma bênção louvando a Deus e depois parte o pão e o entrega para todos comerem. Mais para o final da refeição festiva, ele faz o mesmo com o cálice com vinho: diz a bênção e depois passa o cálice para todos beberem. É isso que Jesus fez na última ceia; é isso que ele nos mandou fazer em sua memória.

Gosto de comparar a oração eucarística com os brindes que fazemos em nossas festas para homenagear alguma pessoa: os noivos, um aniversariante, um benfeitor... Num dado momento, alguém faz um discurso, elogiando a pessoa homenageada, lembrando as coisas boas que realizou, as dificuldades que soube vencer, os frutos que colheu... Uma única pessoa fala, mas fala em nome de todos. Os demais acompanham atentamente, intervêm com exclamações ("É isso mesmo!" "Viva!" "Está certo!"), levantam o copo no final do discurso e cantam "É pique, é pique..." ou outra aclamação semelhante, e fazem "tintim" com os copos e bebem.

Não é isso que fazemos na missa, durante a oração eucarística? O presidente da mesa fala em nome de todos; faz uma homenagem a Deus Pai, lembrando e agradecendo pelas coisas boas que fez por nós na pessoa de Jesus, seu amado Filho, principalmente pelo mistério de sua morte–ressurreição. Todos nós somos convidados a participar atentamente e a intervir com aclamações: "Santo...", "Anunciamos, Senhor, a vossa morte...", "Amém" e outras aclamações... Para finalizar, o presidente da mesa ergue o prato com pão e o cálice com vinho: "Por Cristo, com Cristo, em Cristo...".

É claro que só temos a ganhar com orações eucarísticas e aclamações cantadas em linguagem poética e musical próprias da cultura da comunidade celebrante. Orações eucarísticas resmungadas ou recitadas às pressas jamais conseguirão expressar ou suscitar a nossa gratidão para com o Pai. Se não forem cantadas, que sejam ao menos proclamadas com convicção e alegria.

Para a reunião da equipe

Combinem uma dramatização (encenação): façam um brinde a Deus, agradecendo pelas coisas boas que aconteceram esta semana. (Escolham alguém para falar, combinem as respostas das outras pessoas presentes, arrumem copos para todos...) Depois comentem: o que podemos fazer para que pareça mais claramente que a oração eucarística é como um "brinde" a Deus?!

33. Quem preside?

Quem proclama a oração eucarística em nome de toda a comunidade reunida é o presidente da mesa eucarística. Normalmente, ele seria também o coordenador da comunidade. E quem coordena a comunidade seria normalmente um ministro ordenado. Ordenado, por quê? Para lembrar que a Igreja não existe por iniciativa ou autoridade própria, mas por vontade e autoridade de Deus, único pastor, mestre e guia. O ministro ordenado seria assim, em cada comunidade, sinal dessa ligação profunda com Deus, por Jesus Cristo, no Espírito Santo e, por isso, ele presidiria a celebração eucarística, que é o sinal máximo da união da comunidade em Cristo Jesus.

Na prática, as coisas nem sempre estão funcionando assim. Acabamos dando mais importância à ordenação em si, como poder sagrado, do que ao dom que a pessoa recebe do Espírito Santo para o serviço a ser prestado à comunidade. Limitamos o acesso à ordenação: na Igreja Católica somente homens não-casados, com longa preparação intelectual, são admitidos à ordenação. Resultado: seguramente mais de 70% das comunidades existentes no Brasil dependem de um ministro ordenado que vem de fora e que atende (Deus sabe como... e com que dificuldade!) muitas comunidades ao mesmo tempo. Ele acaba sendo mais um tipo de funcionário que de vez em quando passa na comunidade para realizar os serviços necessários, do que um coordenador, presbítero, irmão maior que acompanha diariamente a vida dos irmãos. Não convive. Não tem tempo para ouvir as pessoas, para passar nas casas. Não consegue acompanhar o que está acontecendo. Não conhece a maioria das pessoas nem mesmo pelo nome. De outro lado, sabe lá Deus quantas pessoas (homens e mulheres, casados ou solteiros, leigos ou religiosos), atuantes pelo Brasil a fora, recebem do Espírito Santo o dom da coordenação e não estão sendo reconhecidas pela Igreja, conferindo-lhes a ordenação!

E, assim, a maioria das comunidades católicas é oficialmente impedida de celebrar a eucaristia e de se alimentar desse sinal máximo de nossa fé, centro e raiz da vida comunitária e da missão. Até quando? Se a ordenação é indispensável, mais indispensável ainda é a celebração eucarística!

Enquanto não se resolve a situação oficialmente, a solução é valorizar as iniciativas que, de um modo ou de outro, procuram garantir em cada comunidade a lembrança do gesto do Senhor na última ceia: o bendito cantado no almoço ou no jantar preparado com carinho para receber os foliões; a bênção da sopa preparada com os restos da feira para os sofredores da rua; a louvação com pão ou outros comes e bebes na reunião dominical da comunidade; a bênção da mesa numa casa religiosa ou nas refeições diárias em nossas casas...

Para a reunião da equipe

Quem preside a missa em nossa comunidade é visto como amigo, irmão, coordenador, servidor? Ou como alguém investido de poder sagrado ao qual as outras pessoas não têm acesso?

34. Concelebração

Quando a missa é celebrada com mais de um padre presidindo, falamos em "concelebração". Um deles preside e os outros concelebram.

Essa prática da concelebração foi reintroduzida em 1965. Com que objetivo? Naquela época, quando em uma casa religiosa ou em um seminário, por exemplo, havia vários padres, cada um costumava rezar a "sua" missa. Em uma mesma igreja havia às vezes dez padres ou mais, celebrando missa ao mesmo tempo, cada um em um altar diferente. Então, era necessário superar essa visão privativa e clericalista da missa; era necessário recuperar o caráter comunitário da eucaristia, expressar a unidade do povo de Deus e a unicidade do sacerdócio e do sacrifício.

De fato, o único sacerdote é o Cristo; é ele quem oferece ao Pai o dom de sua vida e nos associa a todos a essa oblação, a esse sacrifício, a essa doação. Todos nós juntos, como povo sacerdotal, unidos a Cristo no Espírito Santo, é que celebramos a memória de sua Páscoa. O padre (que de preferência não deveríamos chamar de sacerdote, mas de presbítero ou padre), fazendo parte desse povo, presta serviço à comunidade: exerce o ministério da presidência, assim como outras pessoas exercem outros ministérios (leitores, cantores, instrumentistas, ministros extraordinários da comunhão eucarística etc.). Portanto, quando vários padres estão presentes numa determinada ocasião, nada mais lógico que celebrem, com todo o povo reunido, uma única missa.

Há uma missa concelebrada a cada ano, que é considerada exemplo claro dessa maneira de ver a eucaristia: é a missa dos Santos Óleos, na Semana Santa. Reúnem-se representantes de todas as paróquias e comunidades ao redor do bispo de cada diocese, todos os padres concelebram e os outros ministérios são chamados a exercer cada um a sua função. Nesse momento (e em outras ocasiões semelhantes), temos como que um retrato fiel da Igreja: todo o povo de Deus de uma determinada região, coordenado pelo bispo, ajudado pela diversidade de ministérios, fazendo memória de Jesus, no Espírito Santo, prontificando-se sempre de novo para a missão no mundo. (Existe o perigo de os padres assumirem, nessa ocasião, funções que pertencem a leigos e leigas, como: fazer as leituras, dirigir o canto do povo, assumir o ministério do salmista, do acólito, do animador ou comentarista. Fazendo isso, expressam e reforçam uma Igreja em que o clero tem o monopólio e contradizem o próprio princípio da concelebração!).

Em outros momentos, nem sempre há um bispo presidindo com seu presbitério, mas pode haver dois ou mais padres concelebrando. Os concelebrantes costumam repartir entre si as várias funções do presidente: um saúda o povo e faz as orações, outro faz a homilia, outro canta o prefácio, outro ora pela Igreja, pelos falecidos... Na atual orientação da Igreja Católica romana, todos os padres concelebrantes estendem a mão em direção ao pão e ao vinho e dizem juntos as palavras da instituição da eucaristia. Todos falam em voz baixa para que sobressaia a voz do presidente. Na Igreja antiga, o costume era outro: no lugar da concelebração falada, os padres concelebravam em silêncio. O único que falava era o celebrante principal, mesmo porque não havia um texto fixo: ele dizia a oração eucarística espontaneamente. Essa maneira de concelebrar costuma ser chamada de silenciosa ou implícita.

A prática relativamente nova da concelebração costuma levantar dois problemas. O primeiro problema surge principalmente em casas religiosas ou em assembléias pastorais onde às vezes há uma participação de muitos padres e relativamente poucos leigos. Enquanto todos, durante o encontro ou no dia-a-dia, trabalham juntos, sem distinção, no momento da celebração eucarística, os padres colocam sua veste litúrgica, sobem no presbitério, ficam ao redor do altar e concelebram. Os leigos, muitas vezes em número menor, ficam "lá em baixo". E assim se formam dois blocos separados. Nesse caso, a eucaristia poderá dar a impressão de ostentação clerical. Em vez de sacramento da unidade, a eucaristia estará sendo, então, nesse momento, sinal de ruptura, de desunião, de exclusão... Por isso, é aconselhável que apenas dois ou três presbíteros assumam o ministério presidencial e que os outros fiquem como os demais. Se for possível, todos os participantes sejam convidados para ficarem ao redor do altar no momento da liturgia eucarística, para expressar melhor a unidade de todo o povo de Deus.

O outro problema está ligado com a chamada "espórtula", o dinheiro que alguém paga quando vai "marcar a missa" por determinada intenção: a memória de um falecido, uma ação de graças etc. Então, o padre se sente na obrigação de rezar essa missa por tal intenção e quer pelo menos concelebrar. E surgem outras perguntas: "Devo dizer em voz alta as palavras da instituição? Ou basta a concelebração silenciosa? A simples presença na celebração 'vale' para a intenção de missa?". Fica aí o desafio: como libertar a missa do aspecto econômico? Nem a celebração da missa nem o sustento do padre e da comunidade deveriam depender de taxas, porque essa prática sugere que os sacramentos são "comprados"! Quanto à concelebração falada ou silenciosa, o valor da missa não pode ficar reduzido à recitação das palavras da instituição!

Para a reunião da equipe

Vocês já tiveram a oportunidade de participar de uma missa presidida por vários padres? Como foi?

35. Um "cânon" para o presidente

A oração eucarística tem suas regras; não é uma oração totalmente livre. Há certa estrutura e elementos indispensáveis a serem levados em conta. Mas também não deveria ser uma oração totalmente "fechada" na sua formulação, de modo que o presidente não possa exercer seu ministério profético nesse momento importante da vida da comunidade.

Na antigüidade, havia mais liberdade. Em sua *Tradição Apostólica*, por volta do ano 220, Hipólito da Igreja de Roma oferece um texto para a oração eucarística e diz: "Que o bispo dê graças conforme o que foi dito anteriormente. Não é necessário que pronuncie as mesmas palavras que temos colocado, aprendendo-as de cor. Mas que cada um reze segundo sua capacidade. Se alguém tem habilidade para falar bastante tempo e com linguagem solene, muito bem. Se alguém, quando fala, pronuncia uma oração mais simples, não se lhe devem pôr obstáculos [...]". O importante é que diga uma oração de acordo com a sã ortodoxia.

Depois, houve longo período em que os textos litúrgicos foram sendo fixados por escrito e impostos como forma única, invariável. É o tempo do chamado "fixismo" litúrgico. Na Igreja Católica romana ficamos com o texto de uma única oração eucarística durante séculos! Era o "cânon romano", que recentemente foi reformulado para se tornar a oração eucarística n. I. Atualmente contamos, no Brasil, com um conjunto de quatorze orações eucarísticas e que tende a ser enriquecido com outros textos novos. Em outros países, há muito mais textos disponíveis.

"Cânon" significa regra geral, padrão, norma, orientação. Somente quem conhece bem a regra terá condições de se movimentar livremente dentro dela, fazendo com que a oração eucarística deixe de ser realizada em forma de leitura ou recitação enfadonha, cansativa, monótona. Terá condições de torná-la uma proclamação em tom pessoal (mesmo quando usa o texto tal qual está no missal) e de enxertar nela referências à realidade vivida pela comunidade celebrante. Qual é essa regra? Quais são os elementos considerados indispensáveis?

Na atual liturgia romana, a estrutura da oração eucarística é a seguinte:

- Diálogo inicial entre o presidente e a assembléia ("O Senhor esteja convosco..." – "Corações ao alto..." – "Demos graças ao Senhor, nosso Deus...");
- Prefácio, terminando com o canto do "Santo...";
- Epiclese (invocação do Espírito Santo) sobre o pão e o vinho;
- Narrativa da instituição (narrativa da última ceia);
- Anamnese (memorial) e oblação (oferta);
- Epiclese (invocação do Espírito Santo) sobre a comunidade;
- Intercessões;
- Doxologia ("Por Cristo, com Cristo e em Cristo...");
- Amém final.

Não se trata de elementos soltos, mas de uma única oração, ou melhor, "ação" de graças.

Para a reunião da equipe

Tentem encontrar as várias partes em uma (ou mais) das orações eucarísticas, por exemplo, na oração eucarística n. II ou n. V.

36. Oração eucarística I, II, III e IV

O Missal Romano para o Brasil oferece atualmente quatorze textos de orações eucarísticas à escolha. Como se faz tal escolha? Com que critérios?

Antes de tudo, é preciso se debruçar um dia, com calma, sobre cada uma das quatorze orações, para conhecer suas características:

- A primeira oração eucarística é o antigo cânon romano com sua insistência no tema da oferta. (Reparem quantas vezes aparecem as palavras "oferendas" e "oferecer"!) Depois do Concílio, o texto foi adaptado às exigências da renovação litúrgica. A vantagem em relação a outros textos é que oferece algumas partes peculiares para grandes festas. Não possui prefácio próprio, de modo que recebe com facilidade o prefácio do dia ou do comum.

- A segunda oração eucarística vem igualmente da tradição romana: é uma adaptação da anáfora da *Tradição apostólica* de Hipólito. Toda a oração está centrada na Páscoa de Jesus Cristo, e nesta é recapitulada toda a história passada, inclusive sua própria vida e missão; dela jorra a vida e a missão da Igreja, povo santo no Espírito. O prefácio é fixo.

- A terceira oração eucarística usa elementos da tradição galicana e hispânica, mas com a preocupação de falar uma linguagem mais adequada para os tempos atuais. Faz memória da obra dinâmica de Deus, por Cristo, no Espírito Santo, iniciada na criação, continuada na redenção, caminhando para a parusia ou realização final. Apresenta uma abertura universal: inclui no louvor a Deus todas as coisas criadas, pede a paz e a salvação para o mundo inteiro e lembra que, por Cristo, Deus dá ao mundo (e não somente à Igreja) todo bem e toda graça. Não possui prefácio próprio.

- A quarta oração eucarística foi inspirada na tradição oriental. Faz memória de todas as etapas da história da salvação. Fala de Deus, da sua obra criadora, das alianças que fez com a humanidade, do papel dos profetas e principalmente do Filho que enviou ao mundo para ser o nosso salvador. Fala, ainda, da missão do Filho, de sua missão messiânica, de sua Páscoa e do Espírito que enviou para levar à plenitude seu trabalho. O prefácio forma uma unidade com o resto de texto, de tal modo que substituí-lo por outro prefácio significaria mutilar o texto.

Para a reunião da equipe

Olhem o texto das orações eucarísticas citadas acima e procurem reconhecer a característica de cada uma delas.

37. Oração eucarística V e orações eucarísticas para missas com crianças e sobre reconciliação

Entre as quatorze orações eucarísticas que o Missal Romano para a Igreja Católica no Brasil nos oferece, uma merece carinho especial: é a *quinta oração eucarística*, uma criação brasileira, feita por ocasião do congresso eucarístico de Manaus, em 1975. Apresenta de forma clara e sucinta cada uma das partes dessa oração, numa linguagem que todos entendem com facilidade. Fala a um Deus próximo, um Deus amigo, que se fez "Deus-conosco" na pessoa de Cristo. Palavras carinhosas expressam um modo brasileiro de se relacionar com Deus, cheio de afetividade: "Aqui estamos bem unidos; quisestes ficar muito perto de nós; abrindo vossos braços acolhei-os; que vivam para sempre bem felizes...". Foi a primeira vez que uma oração eucarística trouxe aclamações do povo inseridas dentro do texto, favorecendo a atuação de toda a assembléia e, principalmente, expressando melhor a participação de todo o povo sacerdotal na ação eucarística. O prefácio é fixo.

Mais ou menos na mesma época entraram em vigor *três orações eucarísticas para missas com crianças*. Esse fato reforça a necessidade de sempre se levar em conta o tipo de assembléia ao proferir a oração eucarística. O que chama a atenção nessas orações, além da linguagem acessível, é a insistência no louvor, na ação de graças, na alegria, na bondade e no amor de Deus. Nem sempre é fácil reconhecer os vários elementos que normalmente deveriam estar presentes numa oração eucarística no rito romano. Os prefácios são fixos; dificilmente poderão ser substituídos por prefácios próprios do dia ou do tempo litúrgico.

As *duas orações eucarísticas sobre reconciliação* foram introduzidas por ocasião do Ano Santo, o ano jubilar de 1975. (Mas prestam-se também a outras ocasiões de reconciliação.) Esse fato reforça a necessidade que sentimos de fazer referência, na oração eucarística, aos acontecimentos históricos atuais. Como promete o título, a temática de tais orações é a da reconciliação, da misericórdia, do perdão, da paz, da aliança entre Deus e nós, pela mediação de Jesus Cristo, e também, como conseqüência, da reconciliação e aceitação e da comunhão entre todas as pessoas, superando as divisões, as inimizades, as guerras, os racismos.

Para a reunião da equipe

Olhem o texto das orações eucarísticas citadas acima e procurem reconhecer a característica de cada uma delas.

38. Orações eucarísticas para diversas circunstâncias

Das quatorze orações eucarísticas oficialmente disponíveis no Brasil, já apresentamos dez. Faltam as quatro "orações eucarísticas para diversas circunstâncias" que vieram enriquecer a recente edição do Missal Romano.

Na verdade, parece tratar-se de uma única oração eucarística com variantes. No índice do Missal constam como "Oração eucarística para diversas circunstâncias VI-A, VI-B, VI-C, VI-D". De fato, muitas partes do texto são repetidas: a referência ao encontro dos discípulos com o Ressuscitado no caminho de Emaús, as epicleses, a oblação. As diferenças ficam por conta do prefácio e dos "mementos" ou intercessões.

Um subtítulo indica a temática de cada uma delas:

A. *"A Igreja a caminho da unidade"*. Fala da Igreja como povo reunido pela palavra do Evangelho do Filho, entre todos os povos, línguas e nações; e fala da missão da Igreja que é de continuar a obra de congregar na unidade todos os seres humanos. Assim manifestará a aliança do amor de Deus e a alegre esperança do Reino. Mas é preciso pedir que Deus fortaleça constantemente o vínculo de unidade entre os membros da Igreja, para que possa, de fato, brilhar como sinal profético de unidade e de paz em um mundo dilacerado por discórdias.

B. *"Deus conduz sua Igreja pelo caminho da salvação"*. Somos peregrinos neste mundo, nos caminhos da história, pelas estradas da vida. E Deus se coloca a caminho conosco. Ele guia, acompanha, não abandona sua criação, seu povo, sua Igreja.

C. *"Jesus, caminho para o Pai"*. Jesus é a Palavra de Deus encarnado; tornou-se assim caminho, verdade e vida para os seus contemporâneos e para nós que o seguimos na fé e fomos marcados com o selo do Espírito de Deus. Mas a história não pára aí. Somos nós agora que — feitos semelhantes à imagem do Filho — devemos estar plenamente conscientes da "encarnação" de Deus na realidade atual e viver como Jesus viveu: abertos e disponíveis para todos, partilhando as dores e angústias, as alegrias e esperanças...

D. *"Jesus que passa fazendo o bem"*. Parece continuação da oração anterior. Quem sabe, poderíamos até colocar como subtítulo: opção pelos pobres e excluídos. Fala com ênfase da missão solidária de Jesus — e nossa missão — junto dos pequenos e pobres, doentes e pecadores, perseguidos e marginalizados... em busca de uma sociedade nova.

Para a reunião da equipe

Olhem o texto das orações eucarísticas citadas acima e procurem reconhecer a característica de cada uma delas.

39. Saibam discernir: critérios para escolha da oração eucarística

Quatorze orações eucarísticas oficialmente disponíveis! Como escolher entre elas? Não pode ser uma escolha feita a esmo, virando as páginas do missal, ou a gosto do presidente ou da equipe de liturgia. Com que critérios, então, vamos escolher? Lembremos alguns:

1. Tempos litúrgicos fortes ou dias de festa com prefácio próprio pedem uma oração eucarística sem prefácio fixo, como é o caso das orações eucarísticas I e III.

2. Liturgia da Palavra e liturgia eucarística formam uma unidade. Assim, a temática das leituras do dia podem influir na escolha da oração eucarística.

3. A maior ou menor festividade nos levará a optar por uma oração eucarística mais longa ou mais solene (I ou IV, por exemplo), ou por uma mais simples e mais breve (a II ou a III, quem sabe?).

4. Devemos levar em conta o tipo de assembléia que está celebrando e as circunstâncias do lugar. Em uma missa só de adultos, não vamos escolher uma oração eucarística destinada a crianças. Quando há muitas pessoas idosas ou quando não há lugar para as pessoas sentarem, ou quando estamos celebrando ao ar livre com a chuva ameaçando cair, é melhor não escolher uma oração eucarística longa.

5. É bom levar em conta os acontecimentos históricos atuais, sejam acontecimentos eclesiais, pastorais (como foi o caso do Ano Santo, citado anteriormente) ou sociais. É importante fazer referência a esses fatos, relacionando com a oração eucarística, pois Deus se revela nos acontecimentos da vida; o Cristo está ativamente presente com seu Espírito transformador na história dos povos. É a Páscoa acontecendo entre nós, e a eucaristia é celebração dessa Páscoa.

Lembrete final: para alargar nosso horizonte, é bom conhecermos outras orações eucarísticas ou anáforas de outros continentes, de outros tempos, de outros ritos, de outras Igrejas cristãs. Numa perspectiva ecumênica, é indispensável aprofundar o que se diz da oração eucarística no documento ecumênico intitulado "Batismo, Eucaristia, Ministério: convergência de fé" (Conic/Cedi, Rio de Janeiro, 1983, pp. 25-34) e conhecer o roteiro da "Liturgia eucarística de Lima", elaborado a partir dos princípios desse documento, e que apresentaremos rapidamente no último capítulo.

Para a reunião da equipe

Usando os critérios acima, escolham com carinho a oração eucarística para a missa do próximo domingo.

40. Exultação!

Falamos do sentido da oração eucarística. Apresentamos as orações eucarísticas do atual Missal Romano para o Brasil. Podemos agora retomar a oração eucarística parte por parte, dentro do movimento que se iniciou com a preparação das oferendas.

As oferendas foram trazidas; o pão e o vinho estão sobre a mesa. Fez-se a oração sobre as oferendas, encerrando, assim, a procissão com as oferendas, assim como a oração inicial da missa ("coleta") encerra a procissão de entrada. Possivelmente, toda a assembléia se aproximou da mesa, pois todos nós somos a oferta viva ofertada ao Pai, por Cristo, com Cristo e em Cristo.

No diálogo inicial da oração eucarística, o presidente convidou para a ação de graças; todos nós respondemos ativamente, atentos e prontos a participar. E agora, de braços abertos, o presidente proclama o prefácio.

E o que vem a ser um prefácio? Conhecemos os prefácios no início de um livro, por exemplo, um tipo de introdução. Mas o sentido do prefácio da missa é outro: é proclamação, anúncio. Proclamamos, anunciamos o que Deus fez por nós e o que constitui o motivo de nossa gratidão e de nossa ação de graças. E o que Deus fez por nós? O prefácio lembra a obra da criação e principalmente a vida, morte, ressurreição, ascensão... de JESUS, O CRISTO. Proclama todo o mistério de Cristo, os mistérios do Reino, acontecendo hoje, na atualidade. É um momento de júbilo, de exultação, de gratidão. Louvamos ao Pai, "por Cristo, Senhor nosso".

Se esse é o sentido do prefácio, qual é o tom de voz que combina com ele? O melhor é que seja cantado. O *Hinário Litúrgico* da CNBB oferece muitas melodias, a gosto de cada comunidade: desde melodias gregorianas até aquelas inspiradas nos benditos populares, com textos devidamente rimados e ritmados. Se o prefácio não for cantado, que seja proclamado, com o coração transbordando de alegria, de júbilo, de prazer, de exultação, a fim de contagiar toda a assembléia para o louvor e a ação de graças.

Para a reunião da equipe

Escolham e leiam o prefácio para a missa do próximo domingo. De que está falando? Como proclamá-lo? Com que tom de voz? (Experimentem várias possibilidades!) É possível cantá-lo?

41. Motivos de sobra para agradecer!

Na tradição romana, há uma variedade muito grande de prefácios: para cada tempo litúrgico (Advento, Natal, Epifania, Quaresma, Paixão do Senhor, Tempo Pascal, Tempo Comum); para os domingos e para os outros dias da semana; para as festas do Senhor (Santíssima Trindade, Anunciação do Senhor, Batismo do Senhor, Sagrado Coração de Jesus, Transfiguração do Senhor, Consagração da Igreja etc.); para as festas de Maria (Maternidade, Assunção etc.) e dos outros santos (João Batista, José, Pedro e Paulo, apóstolos, mártires, pastores, virgens e religiosas etc.), e para diversas celebrações, como missa do crisma, missa pelos esposos, missa de profissão religiosa, pela união dos cristãos, pelos mortos etc.)

Cada um desses prefácios ressalta um aspecto, uma faceta do mistério de Cristo. No espírito dessa variedade, muitas comunidades expressam em tal momento, livremente, os motivos de louvor e ação de graças que brotam da realidade atual: a Páscoa de Cristo acontecendo entre nós. Não é verdade que temos motivos de sobra para agradecer?

Mas é bom observar a estrutura de um prefácio. Ele tem três partes.

A primeira parte é muito parecida em quase todos os prefácios. Nela afirmamos diante de Deus que é um *dever* para nós — oxalá seja também um prazer — louvar a Deus em todo tempo e lugar... "É justo e nos faz todos ser mais santos... É nossa salvação dar glória a Deus". Quase sempre essa primeira parte termina dizendo: "por Cristo Senhor nosso". Dessa forma já introduz a segunda parte e mostra que todo o prefácio coloca Cristo no centro de nossas vidas. Ele é o motivo central de nosso louvor. É nele que Deus se aproximou de nós e cumpriu suas promessas. É nele que temos esperança de ressurreição e de vida. (Cada prefácio fala disso de um modo diferente, relacionando com o mistério celebrado naquele dia.) A terceira parte do prefácio é decorrência da segunda e ao mesmo tempo um convite para a aclamação do "Santo" que vem a seguir. É muito parecida em todos os prefácios: "Por isso, com todos os anjos e santos proclamamos a vossa glória...". Nosso louvor encontra eco e reforço para além de nosso pequeno planeta, para além de nosso aqui e agora. Passado, presente e futuro, tempo e eternidade se concentram nesse solene HOJE de nossa louvação.

Para a reunião da equipe

- Escolham o prefácio para a missa do próximo domingo e depois observem cada uma de suas partes.
- A comunidade tem algum motivo especial para agradecer a Deus esta semana? Seria possível expressar isso na celebração? Em que momento? Como?

42. Santo é o Senhor! Hosana!

No final do prefácio, o presidente convida toda a assembléia a cantar, com todos os anjos e santos, a uma só voz: "Santo, santo, santo é o Senhor...". É o louvor universal que brota da ressurreição de Jesus Cristo. Ele encabeça toda a realidade, todo o universo, até que Deus seja tudo em todos.

A primeira parte desse hino é tirada do livro do profeta Isaías 6,3. No ano em que o rei Josias faleceu, o profeta entra no templo e tem uma visão que o transforma em mensageiro do Senhor. Ele ouve os anjos proclamando a santidade de Deus: "Santo, santo, santo é o Senhor...". Apesar de se sentir indigno, incapaz, ele assume uma missão difícil, dramática, num momento histórico conturbado.

A segunda parte diz: "Bendito o que vem em nome do Senhor! Hosana nas alturas!". Esse texto é tirado dos evangelhos, da entrada de Jesus em Jerusalém, em que se faz relação com o salmo 118(117), 25-26. O povo entra cantando, batendo palmas e aclamando Jesus como Rei-Messias. É ele que vem em nome do Senhor, para salvar seu povo que clama: "Hosana! Salva-nos!".

Também no livro do Apocalipse (4,8), canta-se sem cessar, dia e noite, o "Santo, santo, santo...". Esse louvor está relacionado com a vitória do Cordeiro que foi imolado, mas que está de pé diante do trono de Deus. Ele vai receber dele todo o poder.

O que tudo isso significa para nós no momento da celebração eucarística? Cantando o "Santo", estamos proclamando a glória de Deus e do Cordeiro. Estamos professando jubilosamente nossa fé na ressurreição. Estamos proclamando o poder pascal de Jesus, que irá transformar toda a realidade, pelo poder do Espírito Santo que atua em nós e pelo qual somos enviados para trabalhar na transformação das pessoas, da sociedade, de toda a realidade. Como Isaías, estamos, implicitamente, nos oferecendo para a missão. Como o povo às portas de Jerusalém, invocamos a salvação, o fim de todo mal, de toda violência, miséria, corrupção, desigualdade, exclusão... Como João no Apocalipse, antevemos um futuro glorioso, feliz, para todo o povo de Deus, apesar das perseguições e tribulações do momento.

Depois de tudo isso, vocês podem imaginar tal canto sendo resmungado, com o pessoal de cabeça baixa, com voz inexpressiva? Ou podem imaginar um coral "roubando" esse canto da boca do povo? O "Santo" merece ser cantado (e, se possível, dançado, por que não?) por toda a assembléia!

Para a reunião da equipe

Como vamos fazer o "Santo" na missa do próximo domingo, para que a comunidade possa, por meio dele, expressar sua admiração e sua adoração ao Senhor?

43. Mandai, Senhor, o vosso Espírito Santo!

Em dois momentos da oração eucarística, invocamos a vinda do Espírito Santo transformador: antes da narrativa da instituição (narrativa da última ceia) e depois. Essas orações são chamadas de "epiclese", invocação. Há, portanto, duas epicleses em nossas orações eucarísticas, como que englobando a narrativa da última ceia.

Na primeira dizemos: "[...] mandai vosso Espírito Santo, a fim de que nossas ofertas se mudem no Corpo e no Sangue de nosso Senhor Jesus Cristo" (Oração eucarística n. V). Pedimos que o Espírito Santo realize aqui e agora para a comunidade celebrante as palavras históricas de Jesus na última ceia: "Isto é o meu Corpo, que será entregue por vós... Este é o cálice do meu sangue, o sangue da nova e eterna aliança, que será derramado por vós e por todos para remissão dos pecados".

Na segunda epiclese pedimos que o Pai envie o Espírito Santo sobre a comunidade reunida. Dizemos: "E quando recebermos Pão e Vinho, o Corpo e o Sangue dele oferecidos, o Espírito Santo nos una num só corpo, para sermos um só povo em seu amor" (Oração eucarística n. V). Portanto, essa segunda epiclese liga a oração eucarística com a comunhão. Comendo juntos desse único Pão e bebendo juntos desse Cálice nós vamos nos tornando um só Corpo em Cristo, Corpo de Cristo. O mistério da Igreja — sua realidade profunda — se expressa e é alimentado na mesa eucarística. É por isso que se afirma com tanta ênfase que "...não se edifica nenhuma comunidade cristã se ela não tiver por raiz e centro a celebração da Santíssima Eucaristia" (Decreto *Presbyterorum Ordinis*, sobre o ministério e a vida dos presbíteros, n. 6). Um famoso teólogo dizia: "É a Igreja que faz a eucaristia, e é a eucaristia que faz a Igreja".

Alguns liturgistas lamentam que, em vez de duas, não se tenha feito uma única epiclese depois da narrativa da última ceia (como se faz nas liturgias orientais). Isso expressaria de maneira mais clara que somos feitos um só Corpo em Cristo, porque o Espírito transforma em Corpo e Sangue de Cristo o pão e o vinho que nos serão servidos em comunhão.

Para a reunião da equipe

Leiam a oração eucarística que será usada na próxima missa e localizem as duas invocações que pedem a atuação do Espírito Santo.

44. A narrativa da instituição: uma proposta ritual confusa

A narrativa da instituição (mais conhecida como "consagração") não deveria aparecer como um "corte" do resto da oração eucarística. A mudança do tom de voz, a maneira pausada de dizer o texto (enquanto as outras partes da oração eucarística são ditas de forma corrida), as incensações, as genuflexões do padre e o ficar ajoelhado do povo, a elevação (que não está mais prevista pelo missal, mas que muitos padres inadvertidamente continuam fazendo) etc: tudo isso acaba chamando atenção exagerada sobre esse momento da celebração. Na verdade, estamos diante de "linhas cruzadas" de vários enfoques teológicos.

Da teologia medieval herdamos a insistência na presença real de Jesus na hóstia sagrada. Era uma época em que o padre ficava de costas para o povo, fazia a oração eucarística em latim e em silêncio. O povo já não comungava há muitos séculos, a não ser uma vez por ano, na época da Páscoa. Daí a necessidade de se tocar a campainha para avisar o momento da chamada consagração. Daí também a importância de "ver a hóstia", "ver o Corpo de Cristo" (só se insistia na hóstia porque o vinho, o sangue de Jesus, não podia ser "visto" por causa do cálice). E para que o povo pudesse ver, o padre tinha de levantar a hóstia bem alto, acima da cabeça dele, já que estava de costas. Os acólitos incensavam; quando exageravam na fumaça, o povo reclamava que não estava conseguindo ver a hóstia. O povo adorava o pão consagrado, já que não podia comê-lo. Fazia orações devocionais, do tipo "Meu Senhor e meu Deus..." e cultivava uma espiritualidade baseada nessa presença real de Jesus na hóstia. A eucaristia acabou sendo entendida como uma "coisa" sagrada, algo para se *ver* e adorar. Só bem mais tarde, no início do século XX, o povo foi de novo convidado a comungar, freqüentemente até; porém, não no momento da comunhão do padre, mas depois da missa ou num outro momento do dia.

O Concílio Vaticano II quis reatar com a teologia dos primeiros séculos, e reencontrou a dimensão pascal da eucaristia. Diz que o Cristo Ressuscitado está realmente presente em todos os momentos da missa (e não somente no momento da chamada "consagração"). Recoloca a oração eucarística como sendo toda ela ação de graças, oblação, consagração... e manda proclamá-la em voz alta e na língua do povo. Diz que não há missa sem comunhão eucarística. Insiste em que todo o povo coma e beba do pão e do vinho, como participação na morte–ressurreição do Senhor. Não se pode ficar só olhando e adorando a hóstia. A eucaristia volta a ser entendida como *ação*, para se *fazer* o que Jesus fez: dar graças, partir e repartir, comer e beber.

Essas duas linhas teológicas misturam-se dentro da missa e complicam nossa maneira de celebrar o momento da narrativa da instituição. A primeira nos manda ajoelhar, olhar para a hóstia, abaixar a cabeça, adorar em silêncio, prestar atenção toda especial a esse momento da celebração. Requer uma profunda devoção individual. A segunda nos ensina a ficar em pé (sinal da ressurreição) de preferência ao redor da mesa, olhar para a mesa onde estão o pão e o vinho, ouvir atentamente e acolher as palavras de Jesus na última ceia (que o presidente agora lembra, falando com o Pai), aclamar juntos cantando ("Anunciamos, Senhor, a vossa morte...") e continuar prestando a mesma atenção às partes seguintes, que são tão importantes quanto a narrativa da instituição. Requer uma participação comunitária, ativa e consciente, de todo o povo sacerdotal, na ação eucarística, pascal, feita por Cristo Ressuscitado.

Na prática, é difícil romper com séculos de devocionismo eucarístico e suas expressões características na missa. Quem sabe possamos aprofundar a nova teologia da eucaristia em pequenos grupos e comunidades, e aí encontrar uma maneira diferente de celebrar?

Para a reunião da equipe

Vamos conversar e trocar experiências, com toda sinceridade, para aprendermos uns com os outros: o que cada pessoa aqui presente faz no momento da narrativa da instituição (narrativa da última ceia)? O que pensa e o que faz durante esse momento da missa? Onde e com quem aprendeu a fazer assim?

45. Eis o mistério da fé!

Após a narrativa da última ceia, o presidente da liturgia eucarística anuncia solenemente: "Eis o mistério da fé!". E qual é o mistério da fé proclamado no coração da liturgia? "Anunciamos, Senhor, a vossa morte! Proclamamos a vossa ressurreição! Vinde, Senhor Jesus!" — Ou, com as palavras de Paulo na primeira carta aos Coríntios (11,26): "Todas as vezes que comemos deste pão e bebemos deste cálice, anunciamos, Senhor, a vossa morte, enquanto esperamos vossa vinda!".

É o anúncio da Páscoa! É a memória da paixão, morte e ressurreição! Fazemos memória da paixão do corpo crucificado, sacrificado na cruz. Fazemos memória da ressurreição do corpo incorruptível, cheio de força, corpo espiritual (cf. 1Cor 15,42-44). Fazemos memória do sangue derramado na cruz e da vida que nasceu do lado aberto de Jesus na cruz. Fazendo memória, trazemos presente, atualizamos. O fato passado acontece HOJE para nós. É por isso que essas aclamações se chamam *aclamações anamnéticas*, ou seja, que fazem memória da Páscoa de Jesus e a tornam presente na celebração.

Proclamando a morte–ressurreição do Senhor, proclamamos também esse mesmo mistério de nossa fé acontecendo em nossa realidade atual. O Cristo continua sofrendo e ressuscitando em cada um e cada uma de nós. Continua sofrendo e ressuscitando principalmente nos mais sofridos, pobres, excluídos, perseguidos por causa do Reino. Não podemos separar essas duas realidades, pois fazem parte do único mistério da fé. Por isso, a celebração eucarística comporta denúncia da morte dos pobres e daqueles que dão sua vida para conseguir libertação. Comporta o anúncio de numerosas pequenas "ressurreições" que, apesar de tanta morte, vão acontecendo, sem aparecer nas manchetes dos jornais ou nos noticiários da tevê.

Também a realidade futura é evocada e trazida presente: "Até que ele venha!". Não podemos nos contentar com o mundo do modo que está! A eucaristia é para nós fonte de engajamento a fim de construir uma sociedade justa e fraterna, em direção ao mundo que há de vir...

O missal prevê um terceiro texto à escolha: "Salvador do mundo, salvai-nos, vós que nos libertastes pela cruz e ressurreição". Infelizmente, este não é propriamente uma aclamação; é mais uma oração devocional, um pedido, uma súplica. Não tem a força aclamativa dos dois outros textos.

Para a reunião da equipe

Escolham a aclamação eucarística para a próxima missa. Experimentem várias melodias. Qual a que expressa melhor o sentido dessa aclamação? Qual combina melhor com o povo celebrante?

46. Nós vos oferecemos, ó Pai...

A oração eucarística é ação de graças e de louvor, ação memorial da Páscoa de Jesus. Ela é ao mesmo tempo sacramento da oblação, da entrega, da oferta, do sacrifício de Jesus.

Não é a missa em si um sacrifício, mas é *sacramento* do sacrifício de Jesus, memória da entrega total de Jesus ao Pai. Parece-me que podemos traduzir corretamente o sentido de "sacrifício" por *doação total*, entrega sem reserva. "Eis-me aqui para realizar teu projeto, ó Pai, para fazer tua vontade, para cumprir a missão que me confiaste" (cf. Hebreus 10,5-10 e salmo 40,7-9). É um sacrifício espiritual, um sacrifício de louvor, um sacrifício pascal. É o único sacrifício que sela a nova e eterna aliança de solidariedade entre Deus e seu povo, revelada, selada e garantida pela entrega de Jesus.

Essa entrega, Jesus a viveu durante todos os momentos de sua vida, até a temível conseqüência da morte de cruz. Ele a expressou ritualmente na última ceia, como gesto profético, antecipando e expressando o sentido de sua morte na cruz: entregou o pão e o vinho aos discípulos, dizendo: "...meu corpo doado por vocês... o cálice do meu sangue derramado por vocês e por todos...". Ele a expressa de novo, pela memória ritual, em cada missa. Toma em suas mãos a vida de todos os participantes e oferece tudo isso ao Pai, juntamente com sua própria vida.

"Nós vos oferecemos, ó Pai...", dizemos na oração eucarística. Quem oferece é a comunidade reunida como um só corpo, Corpo de Cristo. Por Cristo, com Cristo e em Cristo oferecemos ao Pai, na unidade do Espírito Santo. E o que oferecemos? O próprio Cristo e nossa vida inserida na dele, como oferenda permanente de louvor ao Pai.

Que conseqüências isso tem em nosso dia-a-dia? Já não nos pertencemos. Decidimos viver não mais por nossa conta, mas engajados(as) na continuação da missão de Jesus, doando-nos ao Pai, a serviço dos irmãos e irmãs, vivendo o culto espiritual que ele espera de nós (cf. Romanos 12,1-2).

Para a reunião da equipe

De que forma poderíamos ajudar a comunidade a viver a missa como doação total de nossa vida, enxertada na doação total da vida de Jesus ao Pai?

47. Lembrai-vos, ó Pai...

A oração eucarística é ação de graças e louvor. É ação memorial da Páscoa de Jesus. É oferta–oblação–sacrifício. Inclui também a súplica, a intercessão por todos os membros da Igreja, vivos e falecidos. Tais intercessões são chamadas de "mementos" (do latim), ou seja, lembranças:

> *Lembrai-vos, ó Pai, da vossa Igreja, que se faz presente pelo mundo inteiro...*
> *Lembrai-vos também dos nossos irmãos e irmãs que morreram na esperança da ressurreição...*

Pedimos com carinho para que Deus se lembre de todas essas pessoas. Se Deus se esquecesse de nós, estaríamos perdidos! Queremos que todas as pessoas estejam reunidas no coração do Pai. Somos Igreja, povo de Deus, "comunhão dos santos" como dizemos no "Creio". Somos "família", gente que se quer bem, em Cristo Jesus e no seu Espírito.

Os "santos" somos todos nós, os cristãos, que nos unimos em Igreja, em comunidade, para vivermos unidos e unidas em Deus. Dessa forma, seremos fermento de comunhão no mundo, na sociedade, no meio onde vivemos e trabalhamos.

Os "santos" são também aqueles cristãos que já morreram e que consideramos exemplo de vida cristã. A eucaristia expressa nossa comunhão com todas essas pessoas, também com as que já faleceram, participantes da Igreja ou não.

É importante dizer os *nomes* de todas as pessoas que queremos lembrar, as vivas e as falecidas: o nome do Papa, do nosso bispo, do padre, dos ministros e ministras da comunidade etc; o nome dos santos padroeiros da paróquia ou comunidade, o santo do dia, outros santos queridos da comunidade celebrante...

Na lembrança dos falecidos podemos deixar espaço para que todas as pessoas presentes digam (em voz alta ou em seu coração) o nome de seus falecidos. Esse é o momento adequado para tal manifestação (ou na prece dos fiéis), e não no começo da missa, como tantas vezes acontece!!

Para a reunião da equipe

Como é o costume de nossa comunidade a respeito da lembrança dos falecidos na missa? Em que momento costuma acontecer? De que forma? Estamos satisfeitos com esse momento e essa forma? Será preciso mudar alguma coisa? O quê? Como?

48. Ele merece!

Chegando ao final da oração eucarística, o presidente da mesa ergue bem alto o pão e o cálice com vinho: "Por Cristo, com Cristo e em Cristo, a vós, Deus Pai todo-poderoso, na unidade do Espírito Santo, toda honra e toda glória, agora e para sempre. Amém!". É o momento do "brinde". É como se todos os participantes que acompanharam atentamente o "discurso de homenagem", de repente dissessem em coro: "Ele merece! Ele merece!".

Literalmente, essa chamada "doxologia" ou palavra de louvor que encerra a oração eucarística, é o ponto alto da liturgia eucarística: é o momento da única grande elevação do pão e do vinho. No momento da apresentação das oferendas o gesto é mais simples, mais discreto: elevando-se o prato com o pão e o cálice com vinho um pouco sobre a mesa. Tampouco deve haver elevação no momento da narrativa da última ceia; apenas se mantém o pão e o cálice com vinho um pouco elevado.

A doxologia final é como que a síntese de tudo o que foi dito até aquele momento. Síntese, também, e expressão de nossas vidas vividas em louvor e gratidão a Deus, por Cristo, com Cristo e em Cristo, na unidade do Espírito Santo. Transbordamos de grata alegria; somos tomados por uma profunda admiração e gratidão por tudo aquilo que Deus é e faz por nós. As cordas do coração vibram e fazem vibrar as cordas vocais. É o próprio Espírito, o Sopro de Deus renovando o seu povo. As mãos levantadas, com as palmas para cima, nos ajudam a fazer de toda a nossa vida uma oferenda de louvor.

A aclamação final, o grande "Amém", é o "sim" da aliança. É ao mesmo tempo aceitação, ato de fé e compromisso. Sim, ó Pai, reconhecemos que por Jesus nos veio a salvação; aceitamos tua proposta, teu projeto. Acreditamos na tua promessa de um mundo melhor, justo e fraterno. Queremos trilhar o caminho de salvação aberto por Jesus: caminho de solidariedade entre os pequenos, de partilha e comunhão, de compromisso.

O louvor final indica o tom que deve caracterizar toda a oração eucarística. Como criar e garantir esse momento de exultação comunitária? Nenhum texto, por mais bem elaborado teologicamente, por mais poético que seja, resiste a uma proclamação ruim e menos ainda a uma falta de ressonância interior. O que adianta ter textos bons se não forem bem proclamados, com fé e convicção profunda? Do ponto de vista da comunicação, para nada servem. São barulho, ruído. O povo ouve sem prestar atenção, como se ouve o barulho do trânsito na cidade, tentando esquecer. Certamente, textos ritmados e rimados, musicados, inspirados na tradição religiosa popular, facilitariam a tão necessária participação de todo o povo.

Para a reunião da equipe

Façam uma revisão da maneira como é feita a doxologia ("Por Cristo, com Cristo e em Cristo..."). Combinem como melhorar, se for o caso.

49. As aclamações da assembléia

A oração eucarística é proclamada pelo presidente, mas a assembléia toda tem papel ativo. É a assembléia que dá graças a Deus, por meio do ministério do presidente.

Por isso, precisamos garantir o caráter ao mesmo tempo presidencial e dialogal da oração eucarística: uma pessoa só falando por todos e todos intervindo com aclamações.

Anteriormente já falamos sobre o diálogo inicial antes do prefácio; já falamos sobre o "santo", sobre a aclamação anamnética depois de "Eis o mistério da fé..." e sobre o "Amém" da doxologia final.

Nas atuais orações eucarísticas estão previstas várias outras intervenções da assembléia. Isso facilita e expressa melhor a participação de todo o povo. A cada parte da oração eucarística, o povo intervém, retomando, reforçando, o que o presidente disse: "Mandai vosso Espírito Santo", "Recebei, ó Senhor, a nossa oferta", "O Espírito nos una num só corpo", "Caminhamos na estrada de Jesus", "Esperamos entrar na vida eterna", "A todos dai a luz que não se apaga"...

Tais aclamações pertencem ao povo. Não é o padre quem deve dizer ou cantá-las. Se for preciso, uma pessoa da equipe de liturgia poderá dizer ou cantar uma primeira vez para o povo poder repetir, até que todos saibam bem o texto e a música.

Os textos oferecidos atualmente pelo missal nem sempre facilitam a participação: variam demais de uma oração eucarística para outra e algumas estão numa linguagem distanciada da vida (Por exemplo: "Concedei-lhes o convívio dos eleitos..."). Teremos de traduzi-las e eventualmente trocar por outras, e certamente devemos musicá-las, porque a música facilita a memória e a participação.

É evidente que a participação da assembléia na oração eucarística não pode ficar reduzida às aclamações! Como povo sacerdotal, ela participa da própria ação litúrgica, que é ação de graças, que é oblação, que é memorial, que é súplica e intercessão...

Para a reunião da equipe

Façam uma revisão das aclamações da assembléia: a letra, a música, a participação do povo, a maneira de cantar...

ESTRUTURA DAS ORAÇÕES EUCARÍSTICAS

- Diálogo inicial entre o presidente e a assembléia ("O Senhor esteja com vocês..." – "Corações ao alto..." – "Demos graças ao Senhor, nosso Deus...").

- Prefácio, terminando com o canto do "Santo".

- Epiclese (invocação do Espírito Santo) sobre o pão e o vinho.

- Narrativa da instituição (narrativa da última ceia).

- Anamnese (memorial) e oblação (oferta).

- Epiclese de comunhão.

- Intercessões ("mementos", lembranças).

- Doxologia ("Por Cristo, com Cristo e em Cristo..."), terminando com o "Amém" final; acompanhado de elevação do pão e do vinho e outros gestos de louvor, como por exemplo incensação, elevação das mãos de toda a assembléia.

Lembretes a respeito das orações eucarísticas

1) Onde for possível, o movimento da procissão das ofertas poderá trazer todas as pessoas ao redor do altar, para participar de perto.

2) Há louvações e prefácios em estilo brasileiro para vários tempos do ano litúrgico. Procurem nos três volumes do *Hinário Litúrgico* da CNBB e nas fitas cassetes e CD's correspondentes.

3) O "Santo" é ideal para ser acompanhado por um movimento de dança ou um gingado da equipe (incluindo o padre) em torno do altar.

4) Muitos padres têm tendência de "aproveitar" o momento do "Santo" para folhear o missal até encontrar a oração eucarística. O "Santo" é para todos cantarem, inclusive o padre que preside. Quanto à oração eucarística, deverá ser preparada antes da missa.

5) Presidente e equipe de canto procurem estar muito entrosados, principalmente na oração eucarística, para que não haja vazios entre a parte do presidente e as aclamações do povo.

6) Principalmente durante a oração eucarística, a comunicação com a assembléia se torna praticamente impossível se o padre fizer uma simples leitura do texto do missal! É preciso proclamar (ou cantar) de todo o coração, de preferência de cor. Da parte da assembléia também a comunicação é inviabilizada se todos ficarem acompanhando no folheto ou no missal. Para garantir as aclamações de todos, caso a assembléia ainda não as conheça bem, um cantor poderá entoar e todos poderão completar ou repetir.

7) Na oração eucarística não cabe fundo musical, porque toda a nossa atenção deverá estar voltada para a própria oração–ação eucarística.

8) Também não cabem cânticos ou aclamações eucarísticas devocionais, como por exemplo "Deus está aqui...", ou "Bendito, louvado seja, o santíssimo Sacramento...", que interrompem a oração–ação eucarística. Vale aqui também: não cantar *na* missa, mas cantar *a* missa; ou seja, cantar somente as aclamações que fazem parte da oração eucarística e se encaixam no sentido dessa oração–ação.

9) O "Amém" após a doxologia final é ponto alto. É a ratificação de toda a oração eucarística por parte da assembléia. Que seja vibrante, contagiante, de preferência cantado. Enquanto o padre mantém o prato com pão e o cálice com vinho erguidos até o final do canto,

todos poderão levantar os braços em sinal de aclamação. Quem sabe, as incensações que costumam ser feitas durante a narrativa da ceia, encontrariam aqui um lugar mais apropriado? E não poderia até mesmo o toque da campainha onde ainda existe, ser deslocado para esse momento final, a fim de evitar que a narrativa da última ceia seja entendida como peça solta dentro da oração eucarística?

C. Ritos de comunhão

50. Felizes os convidados para a ceia do Senhor!

A liturgia eucarística se constrói em torno dos quatro verbos que aparecem no relato da última ceia de Jesus. Fazemos o que Jesus fez naquele dia: tomou o pão e o cálice com vinho (preparação das oferendas), deu graças (oração eucarística), partiu e deu a seus discípulos (ritos de comunhão). Até agora conversamos detalhadamente sobre a preparação das oferendas e sobre a oração eucarística. Chegou o momento de olharmos os ritos de comunhão. Na seqüência prevista pelo atual Missal Romano, são os seguintes: pai-nosso com "embolismo", isto é, parte acrescentada, intercalada ("Livrai-nos..."); oração pedindo a paz, seguida pelo abraço da paz; fração do pão acompanhada do canto "Cordeiro de Deus"; apresentação do pão e do vinho com distribuição destes; silêncio (eventualmente um salmo ou hino de louvor) e oração depois da comunhão.

Não podemos perder de vista a unidade entre preparação das oferendas, oração eucarística e comunhão: trazemos o pão e o vinho e outros dons que representam nossa vida recebida das mãos de Deus; ficamos em torno da mesa do Senhor para a ação de graças sobre o pão e o vinho em memória de Jesus, e agora vamos tomar esses mesmos alimentos em sinal de nossa profunda comum união com o Senhor e entre nós. Comunhão de vida, comunhão de missão, comunhão de destino... "O cálice de bênção que abençoamos não é comunhão com o sangue de Cristo? O pão que partimos, não é comunhão com o corpo de Cristo? Já que há um único pão, nós, embora muitos, somos um só corpo visto que participamos deste único pão" (1Cor 10,16-17).

Comungar, portanto, não é um ato individualista; é uma ação comunitária. Não é simplesmente "receber Jesus na hóstia sagrada", "receber Jesus em nossa alma". É assumir, como Igreja–comunidade, o projeto de vida de Jesus; é prontificar-se a continuar a missão dele, mesmo sabendo de todas as nossas limitações. O fato de comer o pão e de beber o vinho acabam sendo também um ato de louvor e agradecimento, pois nos unimos corporalmente a Jesus Cristo que fez de sua vida um só louvor ao Pai. Mastigando, saboreando, assimilando esse pão e esse vinho da bênção eucarística, nós mesmos somos transformados em louvor, bênção, ação de graças. Toda a nossa vida se torna "eucaristia".

E assim estamos preparando, profetizando, anunciando a "festa da vida", numa sociedade que seja realmente solidária, que consiga organizar a economia de tal forma que os bens sejam repartidos entre todos, eliminando a fome, a miséria, a exclusão, para a glória de Deus!

Para a reunião da equipe

Vamos partilhar: de que maneira cada pessoa aqui presente costuma viver a sagrada comunhão? Como um momento individual? Como momento comunitário? O que costuma fazer e pensar durante a comunhão?

51. Pai-nosso!

Desde há muito tempo, o pai-nosso foi colocado no início dos ritos de comunhão. Em parte é como que um prolongamento do louvor da oração eucarística ("Santificado seja o vosso nome..."), em parte se parece com as preces ("Venha a nós o vosso Reino... não nos deixeis cair em tentação, livrai-nos do mal...").

A recitação da oração do Senhor — a oração que Jesus nos deixou —, vem precedida de um convite. Por quê? Para que todos possamos dizer juntos: *Pai nosso*! Nome precioso e carinhoso que o Espírito clama em nós. Não convém que o presidente da assembléia o diga sozinho. Em muitas comunidades se faz nesse momento um círculo em torno do altar, formado por todas as pessoas presentes, ou pelo menos pelos membros da equipe de liturgia; todos ficam de mãos levantadas ou de mãos dadas. Assim sentimos e expressamos melhor que somos chamados para formar um só corpo em Cristo, para o louvor de Deus. Em nome do Senhor, e animados por seu Espírito, deixamos de lado nossas desavenças, perdoamos as ofensas feitas, relativizamos nossas diferenças.

Em muitas comunidades, o *pai-nosso* é cantado. É muito bom quando cantamos com a própria letra dessa oração bíblica, que nos vem de longa tradição e que temos em comum com as outras Igrejas. Outras letras, como o *pai-nosso dos mártires,* por exemplo, ficam melhor na hora da comunhão.

O último pedido da oração do Senhor é ampliado: "Livrai-nos, Senhor...". Nesse momento, poderíamos colocar diante de Deus os males que nos afligem e dos quais gostaríamos de nos ver livres: a injustiça, o desemprego, a violência, as doenças contagiosas, a hipocrisia... E suplicamos, do fundo do coração, "enquanto, vivendo na esperança, aguardamos a vinda do Cristo Salvador".

A doxologia "Vosso é o Reino, o poder e a glória!" faz parte do *pai-nosso*. Quando o *pai- nosso* é cantado, deveríamos cantar também sua doxologia. Certamente não será muito difícil adaptar as várias melodias. Também quando recitamos essa oração do Senhor em outros momentos (na oração individual, na ofício divino...), seria bom acrescentar esse louvor.

Tal doxologia é uma proclamação do poder de Deus. É uma profissão de fé que relativiza os poderes deste mundo. É um alerta contra todos os absolutismos: ninguém tem o direito de se fazer de Deus, de dominar ou explorar as outras pessoas, os outros povos... Somos todos chamados a reconhecer o reino, o poder e a glória do único Deus, que ama e quer o bem de todas as pessoas. Diante dele somos todos iguais. Reconhecer essa igualdade é a base da paz.

Para a reunião da equipe

Procurem cantar a doxologia "Vosso é o reino, o poder e a glória para sempre. Amém", com a mesma melodia do pai-nosso.

52. Dai-nos a paz!

A comunhão no corpo e sangue de Jesus Cristo é ao mesmo tempo comunhão entre nós, que comemos do mesmo pão e bebemos do mesmo cálice com vinho. Por isso, não é de se estranhar que a liturgia eucarística preveja o abraço da paz entre os participantes. Em muitas liturgias ele é dado no início da liturgia eucarística, antes de se trazerem as oferendas; em outras, após o *pai-nosso*, antes da comunhão. O Documento 43 da CNBB, n. 313, ainda prevê a possibilidade de outros momentos como a saudação, o rito penitencial e os ritos finais.

Desejamos uns aos outros a paz de Cristo, a paz do Ressuscitado. Os evangelhos relatam que, depois de sua ressurreição, ele entrava na reunião dos discípulos e repetia com insistência: "A paz esteja com vocês! Eu lhes deixo a paz, eu lhes dou a minha paz...". A paz messiânica, tão desejada por todos, veio se instalar entre nós a partir da morte–ressurreição de Jesus, como semente que deve ir desabrochando no mundo inteiro. Não se trata de uma paz fácil, superficial, que desconhece luta, conflito e sofrimento. A paz que Cristo veio trazer passou pelas incompreensões, pelas perseguições, pela traição, pelo abandono, pela tortura, pela morte violenta na cruz.

Paz é integridade, inteireza, felicidade plena. Não porque todas as circunstâncias externas sejam tão favoráveis assim. Mas porque fomos capazes de integrar os lados negativos, sombrios, dificultosos da realidade, ancorando nosso coração em Deus. Só assim é possível estarmos em paz conosco mesmos, com os outros e com o próprio Deus.

Damos uns aos outros o abraço, desejando a paz, porque a paz está sempre para ser conquistada, num difícil equilíbrio a ser buscado a todo momento. Por isso, as *bem-aventuranças* dizem que é preciso *praticar* a paz! O gesto na celebração é um compromisso com a missão de fazer acontecer a paz em nós mesmos, em nossa família e comunidade, no bairro e na cidade, no país e no mundo: vencer o ódio, a prepotência e a subserviência; vencer a discriminação social, racial, sexual...

Antes do abraço da paz costuma-se rezar a oração pela paz. Infelizmente, essa oração que foi introduzida na Alemanha, no século XI, vem sobrecarregar os ritos de comunhão, que já não são muito transparentes na sua estrutura. Além do mais, é uma oração dirigida a Jesus Cristo, enquanto toda a liturgia se dirige ao Pai... Melhor mesmo é dar toda a atenção ao convite e ao próprio gesto da paz.

Para a reunião da equipe

Como fazer do abraço da paz um momento de profunda comunhão? O que ajuda e o que atrapalha nesse momento?

53. Vamos partir o pão?

Partir juntos o pão é sinal de intimidade, de aliança, de solidariedade, de comunhão nos mesmos valores, comunhão de vida, de missão, de destino. Jesus parte o pão conosco. Partimos o pão uns com os outros, em nome de Jesus. Queremos continuar lutando por um mundo onde se repartam os bens e onde ninguém passe necessidade. Na celebração eucarística, um único pão é partido e repartido entre todos para expressar essa união fundamental.

Infelizmente, o gesto da fração do pão praticamente desapareceu em nossas missas. O gesto de deixar cair um pedacinho da hóstia no cálice (a chamada *commixtio*) não é a fração do pão, mas um gesto que tem uma história longa e complicada. Na opção do missal que estamos usando agora, expressa que o pão e o vinho formam uma unidade: embora separados, significam conjuntamente a memória da paixão e ressurreição do Senhor. Se tivéssemos de escolher entre os dois gestos, certamente deveríamos ficar com a fração do pão e não com a *commixtio*.

Alguns presbíteros partem o pão na hora da chamada consagração (narrativa da última ceia), quando se diz: "Jesus partiu o pão". Um ou outro, inadvertidamente, vai mais longe ainda e dá a comunhão logo em seguida, porque aí se diz que Jesus partiu o pão e *deu* a seus discípulos. Esquecem-se as pessoas que assim procedem, que somente depois de terminar a oração eucarística (a ação de graças) é que faz sentido partir o pão e distribuí-lo. Não se deve interromper a oração eucarística. Primeiro damos graças, depois partimos o pão.

E por falar em pão... As hóstias que costumamos usar não têm aparência de pão. São tão pequenas que não há como parti-las: são individuais! Separamos até mesmo um pratinho com uma hóstia maior para o presbítero, como se ele não quisesse fazer parte do corpo! Tudo isso contradiz o sentido da eucaristia. São poucas as celebrações em que de fato há um único pão (ou vários pães grandes) e que, no momento da fração, o pão é visivelmente partido, preparando a comunhão. No entanto, seria tão fácil fazê-lo, pelo menos nas missas de domingo e sobretudo nas grandes festas. Que dona de casa, que família ou grupo de amigos ou amigas não se prontificaria para, em rodízio, preparar o pão para a celebração da comunidade?

Quem fará o gesto da fração do pão, enquanto se canta o *Cordeiro de Deus* ou outro canto adequado? É muito significativo o presidente não fazê-lo sozinho, mas juntamente com as pessoas que irão distribuir a comunhão.[2] É mais uma maneira de expressar que somos uma Igreja toda ela ministerial.

Para a reunião da equipe

Usa-se pão ou hóstias na missa? Por quê? É feita a fração do pão, de modo que todas as pessoas participantes possam ver e entender? Há um prato separado para o padre, ou não?

---

[2] A nova edição da IGMR, n. 83, menciona a ajuda do diácono ou de um concelebrante.

54. Tomai e comei, tomai e bebei todos

A preparação das oferendas, a ação de graças e os ritos de comunhão formam um todo. O mesmo pão e vinho que são trazidos em procissão, são oferecidos na ação de graças e devem agora também ser distribuídos para todos comerem e beberem, em sinal de comunhão com Jesus Cristo morto e ressuscitado, e de comunhão também entre nós que estamos reunidos, participando da celebração. Na prática, no entanto, muitas vezes nos esquecemos de tudo isso e... lá vamos nós tirar as hóstias do sacrário! Em algumas igrejas já se coloca o cibório cheio de hóstias consagradas em cima do altar, desde o início da missa!

Por que normalmente não devemos dar a comunhão com as hóstias tiradas do sacrário? "...para que, também através dos sinais, a Comunhão se manifeste mais claramente como participação no sacrifício celebrado atualmente".[3] Porque comendo do mesmo pão e bebendo do mesmo cálice com vinho, oferecidos por toda a comunidade celebrante na oração eucarística, é que expressamos nossa comum união em Cristo, em seu mistério pascal. A eucaristia é uma ação (e não uma "coisa", por mais sagrada que seja!). É uma ação comunitária e unitária: todos juntos oferecemos e todos juntos comemos e bebemos do pão e do vinho oferecidos. Se comungamos do pão consagrado em outra missa, não estamos expressando e vivenciando nossa participação no memorial de Jesus Cristo realizado aqui e agora; não estamos expressando e vivenciando nossa comum união com as pessoas que juntas realizaram essa memória pascal de Jesus. Portanto, só devemos recorrer à reserva eucarística guardada no sacrário em caso de extrema necessidade, quando o número de pessoas comungantes ultrapassar nossa previsão. É preferível colocar pão demais do que de menos; o que sobra pode ser repartido entre todos, ou depois ser guardado no sacrário. E para que servem, então, as hóstias ou o pão guardados no sacrário? Para a comunhão aos doentes, idosos e outras pessoas impedidas de ir à celebração

---
[3] Cf. IGMR, 3. ed., n. 85.

da comunidade; para a celebração dominical da Palavra e para outras celebrações dos assim chamados pré-santificados, como na Sexta-feira Santa, quando se distribui o pão eucarístico de uma missa anterior.

A comunhão deve ser recebida na mão ou na boca? Na maioria das dioceses, esse problema já foi superado há muito tempo; entendemos que somente crianças muito pequenas necessitam receber comida na boca. E o povo de Deus não quer ser infantilizado por mais tempo. Se, no entanto, alguma pessoa preferir receber a comunhão dessa forma porque foi acostumada assim, não custa o ministro respeitar isso.

E quanto à comunhão de todos no cálice com vinho... A renovação litúrgica do Concílio Vaticano II lembrou a importância disso e indicou os primeiros passos a serem dados para reintroduzir tal prática. Trinta anos depois do Concílio, ainda são poucas as comunidades que servem a comunhão também no vinho para todas as pessoas! Teremos de nos esforçar mais para sermos fiéis ao mandamento do Senhor: "Tomem e bebam, todos vocês...".[4] Quando há muitos participantes, é mais prático que os ministros entreguem um pedaço de pão e cada pessoa molhe seu pedaço no cálice com vinho.

O cálice com vinho carrega lembranças bíblicas muito fortes. O vinho pode se referir a experiências amargas, dolorosas (vejam, por exemplo, Is 51,17-23; Mt 20,20-23; Mt 26,36-40; Jo 18, 11...). O vinho expressa também o amor e nos enche da alegria do convívio e da festa do Reino de Deus; faz-nos experimentar a sóbria embriaguez do Espírito Santo (vejam, por exemplo, Is 5; Lc 22,17-18; Jo 2, 1-12; Jo 15; At 2,12-16...). Representa o sangue da nova e eterna aliança, a qual é feita de amor e solidariedade, mas que assume também as dificuldades que esse amor e solidariedade trazem consigo. Em cada celebração

---

[4] Cf. IGMR, 3. ed. nn. 85; 281-287; no *Diretório Litúrgico* da CNBB, encontramos a lista com as ocasiões em que se pode dar a comunhão no pão e no vinho; o último ponto da lista diz o seguinte: "Na ocasião de celebrações particularmente expressivas do sentido da comunidade cristã reunida em torno do altar". Não estariam as celebrações eucarísticas dominicais incluídas nesse item, já que o domingo é "festa primordial" (SC, n. 106), ponto alto da vida da comunidade?

eucarística certamente estão presentes os dois sentidos, assim como estavam presentes na última ceia de Jesus. Com Jesus sorvemos as amarguras que acompanham a missão e degustamos antecipadamente o vinho do casamento do Cordeiro na nova Jerusalém.

Para a reunião da equipe

Em nossas missas, usamos o pão ou as hóstias que acabam de ser consagradas? Ou tiramos do sacrário? Já introduzimos a prática da comunhão no vinho para todos, pelo menos nos dias festivos?

55. Provem e vejam como o Senhor é bom!

Desde os primeiros tempos do cristianismo, um dos cantos preferidos para o momento da comunhão eucarística é este verso do salmo 34(33): "Provem e vejam como o Senhor é bom". O pão e o vinho partilhados na comunidade em memória de Jesus, fazem-nos experimentar, saborear, o quanto Deus é bom! O sabor do pão, o gosto do vinho, a alegria de servir e ser servido, a convivência de gente que procura se entender e querer bem por causa de Jesus... tudo isso é sacramento, é sinal e meio de comunhão com Deus. Saboreando o pão e o vinho, alegrando-nos com a convivência e a confiança mútua, nasce em nós a certeza: é Deus quem nos alimenta, é Deus quem nos dá força; é a nossa ligação nele e com ele que nos enche de alegria e felicidade, mesmo vivendo situações muito difíceis. Provando o pão, o vinho e a amizade, provamos Deus!

E o que acontece quando o "pão" não se parece com pão, quando o padre bebe sozinho todo o vinho, quando o serviço da distribuição do pão é feito em filas demoradas, quando o padre e outros ministros não olham para as pessoas, mas entregam o pão mecanicamente? Para que o sinal da eucaristia não fique truncado, precisaremos acabar com esses contra-sinais!

É fácil acabar com as longas filas que dificultam o acesso das pessoas ao alimento sagrado: basta prever pratos (patenas) ou cestos, cálices e ministros suficientes para que todos sejam servidos com presteza. Estaremos assim, inclusive, dando testemunho para a sociedade, na qual as pessoas — principalmente as mais pobres — enfrentam longas filas para serem atendidas em serviços públicos. Que não seja assim entre nós. É bom lembrar que não é necessário ser ministro ou ministra extraordinária da comunhão eucarística para poder distribuir a comunhão; o padre pode chamar outras pessoas para ajudar nesse serviço.

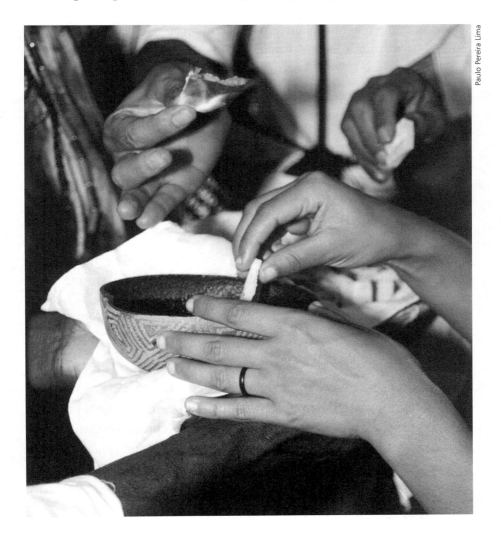

Servir os irmãos e irmãs na mesa sagrada é um ministério importante. É o próprio Cristo quem, através de nossas mãos, entrega o pão e o vinho. Não deveremos fazê-lo sem nos comunicar pelo olhar. Se possível, digamos o nome de cada pessoa: "Fulano, Fulana, o corpo e o sangue de Cristo". E quem recebe o pão e o vinho olha também para o ministro e diz "Amém!". Reconhece que, comungando, é unido mais estreitamente com o próprio Cristo, ficando mais inserido no corpo de Cristo que é a comunidade.

Quem deve comungar primeiro: o padre e os ministros? Ou o povo? Qualquer dona ou dono de casa serve primeiro a família toda antes de se servir, não é mesmo? É um sinal de educação. Não parece estranho, então, que na missa façamos o inverso?

Para a reunião da equipe

O nosso modo de organizar a comunhão ajuda as pessoas a viver e entender o sagrado mistério da união entre nós e com Deus, por Jesus Cristo? O que poderia ser feito para melhorar?

56. Comunhão para todos?

O ato de sentar-se juntos à mesa sempre foi sinal de amizade, de aceitação mútua, de aliança, de união. Jesus escandalizou muita gente de sua época, porque sentava à mesa com os fora-da-lei, com os chamados pecadores, com os pobres, com as prostitutas, com os cobradores de impostos. E dizia que essas pessoas eram as privilegiadas do banquete do Reino de Deus.

Comungar, comer e beber da ceia eucarística em memória de Jesus sempre foi ato de compromisso com a pessoa e com a proposta dele. Por isso, as igrejas costumam cercar a celebração eucarística de certos cuidados: não comunga quem quer e quando quer. Há regras que limitam a participação: das crianças que não fizerem a primeira comunhão, dos "penitentes"... Existe até a possibilidade da excomunhão para casos de extrema gravidade.

De um lado é bom que seja assim; isso nos ajuda a tentar ser coerentes. Recentemente, durante a ditadura militar, percebemos a validade dessa regra extrema, quando alguns delegados de polícia ou outros mandantes de torturas em presos políticos foram excomungados. Como poderiam receber o corpo e sangue de Cristo na comunhão eucarística, se na prática desrespeitavam, mutilavam, torturavam até a morte o corpo de Cristo na pessoa do preso?

De outro lado, as regras do afastamento de determinadas pessoas da comunhão eucarística devem ser constantemente revistas pela Igreja. Oficialmente, na Igreja Católica, as pessoas que se uniram a outro companheiro ou companheira depois de um casamento fracassado não devem receber a comunhão. Por que essa severidade toda, se não existe a mesma insistência, por exemplo, para quem continua torturando, para quem rouba os cofres públicos, para quem lesa publicamente milhares de pessoas, através de planos econômicos que condenam ao desemprego, à miséria, à exclusão; para quem é responsável por chacinas como as da Candelária, do Carandiru, de Eldorado dos Carajás etc.?

Em cada caso será preciso discernir. Será preciso avaliar o que é mais eficiente para que o objetivo seja alcançado: na Igreja e entre as Igrejas, o testemunho dos discípulos de Jesus que procuram viver a proposta dele; na sociedade, a convivência respeitosa, pacífica, solidária, de todos os cidadãos.

De qualquer forma, não parece muito indicado que alguém diga no momento da comunhão: "Somente quem está preparado pode comungar...". A comunhão é dom, é graça; é para gente que está a caminho, que erra, que falha... que busca viver o evangelho.

Para a reunião da equipe

Em nossas missas, a comunhão é levada a sério? As pessoas se sentem convidadas a participar? Há pessoas que gostariam de participar, mas não o fazem porque sentem o preconceito ou o controle por parte da comunidade? Como resolver isso?

Estrutura dos ritos de comunhão

(Atenção: nem todos estes elementos entrarão em todas as missas!)

- Convite ao pai-nosso.
- "Pai nosso..." – "Livrai-nos..." – "Vosso é o Reino...".
- Oração pela paz.
- Convite ao abraço da paz – Abraço da paz.
- Fração do pão, acompanhada do canto "Cordeiro de Deus" (ou outro canto adequado) – *Commixtio* (um pedaço do pão é colocado no cálice).
- Oração individual do presidente, em silêncio.
- Apresentação do pão e do vinho para a comunhão.
- Distribuição do pão e do vinho – canto de comunhão.
- Purificação dos objetos usados para a comunhão.
- Silêncio.
- Salmo ou hino de louvor após a comunhão.
- Oração após a comunhão.

Lembretes a respeito dos ritos de comunhão

1) Segundo uma antiga tradição que remonta a Gregório Magno, o canto de comunhão retoma, como refrão, um verso do evangelho. E nós temos agora, no *Hinário litúrgico*, fascículo 3, da CNBB (com partituras, fitas cassetes e CD's), refrões tirados do evangelho, musicados e acompanhados de um salmo. Assim fica mais clara a relação entre liturgia da Palavra e liturgia eucarística: comungando do pão e do vinho realiza-se em nós, da parte do Senhor, o que foi dito no evangelho.

2) Terminada a comunhão, alguém precisa limpar ("purificar") os objetos usados: cálices, pratos, cestinhas ou patenas... Essa tarefa pode ficar por conta dos ministros ou das ministras que distribuíram a comunhão. Não deve ser feito sobre o altar. (Por acaso, alguém lava a louça usada num jantar festivo em cima da mesa, na frente dos convidados?). Pode ser feito na sacristia ou numa mesinha à parte (às vezes chamada de "credência").

3) Depois da comunhão, cabe um tempo de silêncio. É momento de intimidade maior com o Senhor, retomando no coração o refrão do canto de comunhão, ou uma frase de uma das leituras bíblicas, ou um pensamento da homilia, ou um gesto que nos marcou... É momento não tanto para pedir ou para dar graças (isto já fizemos nas preces e na oração eucarística), mas para mergulhar no mistério de nossa comum união com o Senhor, em seu mistério pascal.

4) Podemos prolongar a comunhão, ainda, com música instrumental ou com um hino de louvor, um salmo talvez, ou o cântico evangélico de Maria (à tarde ou à noite) ou o cântico de Zacarias (de manhã).

5) Em muitas comunidades, reparte-se entre todos, logo depois da comunhão, um pão bento (como é costume em Igrejas orientais), ou outros alimentos, como biscoitos, pipoca etc. Isso é importante, principalmente para incluir as crianças que ainda não fizeram a primeira comunhão e outras pessoas que não receberam o pão eucarístico. Poderemos transformar tal gesto num momento descontraído de confraternização.

6) Encerra-se o rito de comunhão com a oração depois da comunhão. Não é uma oração de agradecimento (pois isso seria como que uma duplicação ou uma "emenda" da oração eucarística). É antes uma oração em que 'imploramos os frutos do mistério celebrado',[5] voltada para a missão no mundo: que possamos viver lá fora, na vida do dia-a-dia, aquilo que experimentamos na celebração.

---

[5] IGMR, 3. ed., n. 89.

6
RITOS FINAIS

57. O Senhor os acompanhe na missão

A comunhão foi como que um momento culminante, de síntese, de todo o movimento da celebração: viemos para nos encontrar com Deus, para fazer memória de Jesus, para nos encontrar uns com os outros; e a comunhão nos fez viver tudo isso, profundamente.

Agora estamos chegando ao final de nossa reunião. A oração depois da comunhão já foi nos lembrando da tarefa que nos espera lá fora. Dentro em breve, vamos virar as costas para a mesa do altar, para a mesa da Palavra, e caminhar em direção à porta que dá para a rua. A assembléia vai se desfazer: cada um e cada uma de nós vai para sua casa, seu trabalho... Voltamos revigorados, refeitos, reanimados em nossa fé e em nossa disposição para a missão. Buscamos redirecionar todo o nosso ser, nosso pensar e agir de acordo com o ser, pensar e agir de Jesus. A Palavra de Deus ouvida, a atitude de gratidão e de louvor, a esperança, os gestos de partilha, de reconciliação, de maior aceitação e união, de entendimento... tudo isso pede agora para desabrochar lá fora, qual flores que estavam em botão, qual sementes que caíram em terra boa e querem crescer e frutificar.

Antes de sair, vamos ouvir os avisos sobre a vida e a missão da comunidade: reuniões, encontros e outras atividades que irão se realizar, e das quais somos convidados a participar, ou pelas quais vamos nos interessar e rezar. Muitas vezes os avisos são dados de maneira fria, formal, por uma pessoa só. Para dinamizar esse momento e torná-lo mais significativo, é melhor que os avisos sejam dados por várias pessoas, não só para informar, mas sobretudo para motivar para o assunto relacionado com o seu setor ou com a sua pastoral: catequese, pastoral da juventude, pastoral carcerária, pastoral dos doentes, da terra, da moradia etc. É bom deixar a palavra aberta a outras pessoas da assembléia que possam ter alguma informação importante. Costuma-se também nesse momento cantar parabéns para algum aniversariante ou outra pessoa homenageada.

O presidente da celebração estende as mãos sobre a comunidade reunida e invoca a bênção de Deus sobre nós para a nova semana que iniciamos. Conforme as circunstâncias, poderá chamar alguma pessoa para receber uma bênção especial ou para invocar a bênção com ele. Em seguida, o diácono ou o próprio presbítero despede a assembléia com um "Vão em paz e o Senhor os acompanhe!".

Prolongar demais os ritos finais (com muitas mensagens e cantos no final) pode cansar e fazer perder de vista o essencial. Um canto em homenagem a Maria, mãe de Jesus, poderá eventualmente encerrar a celebração. Enquanto todos saem, conversando e se relacionando, um órgão, um violão ou outro instrumento poderá prolongar, sem palavras, o ar festivo dessa nossa Páscoa semanal.

Para a reunião da equipe

Temos conseguido equilibrar os ritos finais, de modo a não cansar? O povo gosta de ficar até o final? Ou não vê a hora de sair correndo? Como tornar os ritos finais leves e agradáveis?

> ## Estrutura dos ritos finais
>
> *(Atenção: nem todos estes elementos entrarão em todas as missas!)*
>
> - Avisos.
> - Bênção.
> - Homenagem a Maria, mãe de Jesus.
> - Despedida (envio).
> - Saída – eventualmente acompanhada de música instrumental.

Lembretes a respeito dos ritos finais

1) Recomenda-se não colocar os avisos logo após a comunhão, antes da oração. Por quê? Para manter o equilíbrio e a beleza na estrutura ritual da missa: a oração após a comunhão encerra os ritos de comunhão, assim como a oração inicial ("coleta") encerra os ritos iniciais e a oração sobre as oferendas finaliza a preparação das oferendas. Os avisos não pertencem aos ritos de comunhão; são de uma outra ordem. Não é bom que venham interromper a dinâmica dos ritos de comunhão. Talvez o problema seja o "senta-levanta", o freqüente sentar e levantar: sentamos depois da comunhão, levantamos para a oração e... teríamos de sentar de novo para ouvir longos avisos e depois levantar mais uma vez para a bênção. Como resolver isso? Se os avisos não forem muito longos, poderemos ficar em pé. Se forem demorados, talvez possamos ficar sentados durante a oração depois de comunhão.

2) Algumas equipes reclamam: "O povo não fica para o canto final; vai saindo e nos deixa cantando sozinhos". Pois é. Afinal, depois do envio ("Vão em paz e o Senhor os acompanhe..."), a missa acabou. Falar ou cantar mais alguma coisa pode enfraquecer tudo o que foi feito até desequilibrar a estrutura, prolongando desnecessariamente a

última parte da missa. E o povo, ao sair da celebração, quer conversar, cumprimentar-se, confraternizar. Isso é ótimo! Por que então impedi-lo, obrigando as pessoas a prestar atenção a mais um canto?! Talvez uma linda música instrumental (uma peça de órgão ou de violão...) acompanhando a saída satisfaça melhor?

3) Em muitas comunidades, a missa se prolonga em um momento descontraído de confraternização: padre, ministros, povo... ficam conversando, encontrando-se, tomando juntos alguma comida ou bebida... (se é que já não tenham sido servidas logo após a comunhão).

7

"A LITURGIA EUCARÍSTICA DE LIMA": UMA CELEBRAÇÃO ECUMÊNICA[1]

58. Celebrando juntos a eucaristia, mistério de unidade

"Que todos sejam um!", pediu Jesus em sua oração sacerdotal no capítulo 17 do evangelho de são João. E são Paulo, em sua primeira carta aos Coríntios (1Cor 10,16-17), afirma: "O cálice de bênção que abençoamos não é comunhão com o sangue de Cristo? O pão que partimos não é comunhão com o corpo de Cristo? Já que há um único pão, nós, embora muitos, somos um só corpo, visto que todos participamos deste único pão". A participação na eucaristia expressa a realidade comunitária da Igreja; faz a Igreja ser corpo de Cristo, pela ação transformadora do Espírito Santo. Mas se, na prática, não conseguimos viver a unidade eclesial, isso nos impede de celebrar a eucaristia juntos?

---

[1] Vejam: 1) B.E.M.; 2) HORTAL, Jesus. Eucaristia. In: *Guia Ecumênico*: informações, normas e diretrizes sobre ecumenismo. São Paulo, Paulus, 2003. pp. 176-182. Estudos da CNBB, 21.

É longa a história da divisão e da relação conflitiva entre cristãos que se separaram em várias Igrejas, por motivos de doutrinas ocasionadas ou reforçadas geralmente por circunstâncias históricas, políticas, culturais. As rupturas maiores que até hoje deixam as Igrejas divididas em vários "blocos" certamente foram: 1) a separação entre as Igrejas do Ocidente e as do Oriente; 2) a separação entre a Igreja Católica romana e as Igrejas episcopais de comunhão anglicana; 3) a separação entre Roma e as Igrejas da Reforma Protestante; 4) recentemente, o surgimento das Igrejas pentecostais e neo-pentecostais. À medida que os vários grupos divergiam, iam negando uns aos outros a participação na mesa eucarística.

Há muitos anos, no entanto, o movimento ecumênico está dando passos importantes em direção a uma crescente unidade, tanto no aprofundamento teológico e na prática pastoral como também na oração e celebração em comum. No que diz respeito à celebração da eucaristia, existe um documento oficial da Comissão de Fé e Constituição do Conselho Mundial de Igrejas, chamado *Batismo, Eucaristia, Ministério*, mais conhecido como "B.E.M.". Tal documento foi redigido por essa comissão, na sua "Conferência de Lima", em 1982. Nele encontramos o resultado de anos e anos de estudo dos teólogos e do diálogo entre as várias Igrejas cristãs a respeito das três realidades básicas mencionadas no título do livro: o batismo, a eucaristia e o ministério. O documento expressa as convergências (aquilo que temos em comum nas coisas mais importantes) e aponta também algumas divergências (a compreensão diferente que se tem de uma Igreja para outra), para que possamos compreender melhor uns aos outros. Ele foi editado no Brasil pelo Conic (Conselho Nacional de Igrejas Cristãs), em colaboração com o Cedi (Centro Ecumênico de Documentação e Informação), em 1983, com apresentação de Dom Ivo Lorscheiter e Rev. Zwingli M. Dias, e recebeu recentemente sua terceira edição (colaboração do Conic, Koinonia e Aste).[2]

---

[2] Referências em www.conic.org.br

No encerramento da "Conferência de Lima", no dia 15 de janeiro de 1982, as Igrejas presentes realizaram uma celebração eucarística, preparada pelo teólogo Max Thurian, monge de Taizé (mosteiro ecumênico na França), que a elaborou a partir dos princípios expressos no documento "B.E.M.". Essa celebração é conhecida como a "Liturgia eucarística de Lima",[3] porque foi celebrada pela primeira vez na conferência de Lima, a capital do Peru. A partir daí foi celebrada em várias outras ocasiões ecumênicas. Afinal, chegou-se à conclusão de que o lugar onde cresce a convergência e a unidade entre as Igrejas é muito mais a mesa da Palavra e da Eucaristia do que a mesa das discussões.

Na América Latina, principalmente nas comunidades envolvidas nos movimentos e nas lutas populares, a prática ecumênica está crescendo. Cristãos de várias Igrejas cristãs estão trabalhando juntos e vão se conhecendo melhor. Já temos experiência da *Campanha da Fraternidade* realizada em comunhão com outras Igrejas cristãs. Cresce a vontade de orar e celebrar juntos, pelo menos em algumas ocasiões. Se estamos juntos na hora de evangelizar, lutando por uma sociedade justa e fraterna, como podemos nos separar na hora de celebrar? Afinal, é o mesmo Espírito do Senhor que nos impulsiona e, em Cristo, no mistério de sua Páscoa, já estamos unidos. A participação da mesa do Senhor torna visível e palpável essa união. Celebrações da Palavra e Ofícios divinos realizados em conjunto já não são uma novidade, embora ainda encontrem resistências. No entanto, a celebração conjunta da eucaristia ainda é raridade.

Oficialmente, as Igrejas não aceitam a intercomunhão e intercelebração, a não ser com apenas algumas Igrejas ou em casos de grande necessidade. Falamos de "intercomunhão", quando cristãos de Igrejas diferentes (católicos, luteranos, metodistas, presbiterianos etc.) comungam nas celebrações eucarísticas umas das outras. Falamos de "intercelebração", quando ministros ordenados de várias Igrejas presidem juntos

---

[3] O texto da liturgia de Lima pode ser encontrado, em inglês, em: www.wcc-coe.org

a mesma liturgia eucarística. É importante aprofundarmos a questão e, pelo menos, ir conhecendo a proposta da "Liturgia eucarística de Lima". A seguir, apresentamos o esquema da celebração, no qual reconheceremos, com muita facilidade, o da celebração eucarística renovada pelo Concílio Vaticano II. (Procurem conhecer o texto completo.)

Para a reunião da equipe

Convidem uma pessoa ou um grupo de outras Igrejas cristãs para contar como celebram a ceia do Senhor. Ou façam juntos um estudo do "B.E.M." ou da Liturgia eucarística de Lima...

ESTRUTURA DA "LITURGIA EUCARÍSTICA DE LIMA"
(CELEBRAÇÃO EUCARÍSTICA ECUMÊNICA)

(Atenção: O esquema seguinte foi pensado para momentos solenes; poderá ser simplificado para outras ocasiões.)

Liturgia de entrada: salmo de entrada (ou hino); saudação; confissão; absolvição; ladainha do Kyrie; Glória.

Liturgia da Palavra: coleta; Primeira lição (Antigo Testamento, Atos dos Apóstolos ou Revelação); salmo de meditação; epístola; aleluia; evangelho; homilia; silêncio; credo niceno-constantinopolitano; intercessão.

Liturgia da eucaristia: preparação; diálogo; prefácio; *sanctus*; epiclese I; instituição; anamnese; epiclese II; comemorações; conclusão; oração do Senhor (pai-nosso); a paz; a fração do pão; Cordeiro de Deus; comunhão; oração; hino final; palavra de missão; bênção.

Anexo

EUCARISTIA: UMA NOVA PRÁTICA E UMA NOVA TEOLOGIA[1]

Ione Buyst

No dia 4 de dezembro de 1963 foi promulgada a constituição conciliar *Sacrosanctum Concilium* (SC), sobre a sagrada liturgia: primeiro documento a ser aprovado na aula conciliar. Passaram-se quarenta anos. O que a SC e a renovação litúrgica conciliar nascida dela trouxeram de novo no que diz respeito à eucaristia? Primeiro, há uma série de mudanças "externas", bem perceptíveis, na maneira de celebrar a missa e que foram sendo introduzidas pouco a pouco. Os mais antigos entre nós certamente se lembram disso. Mas é importante perceber que, nos alicerces da nova maneira de celebrar, se esconde uma nova maneira de compreender a eucaristia: os princípios teológico-litúrgicos nos quais se apóiam essas novas práticas litúrgicas. Por isso, neste artigo vamos começar com os alicerces e depois perceber o resto do edifício. Ou seja, vamos lembrar as mudanças mais significativas na teologia da eucaristia: 1) o sujeito da ação eucarística é a comunidade eclesial, povo sacerdotal; 2) a ação eucarística consiste em comer e beber juntos

---

[1] Publicado em *Revista de Liturgia,* São Paulo, n. 172, jul.-ago.-abril 2002.

em ação de graças; 3) a eucaristia é celebração do mistério pascal, memorial da morte e ressurreição do Senhor Jesus; 4) liturgia da Palavra e liturgia eucarística formam um só ato de culto. Ao abordar cada um desses aspectos teológicos, serão apontadas mudanças na maneira de celebrar que delas decorrem.

Antes disso, convém perguntar: qual foi a motivação fundamental e onde o Concílio encontrou embasamento para fazer mudanças tão profundas na eucaristia, que é o sacramento central da fé cristã? O papa João XXIII que inesperadamente convocou o Concílio, queria renovar a Igreja Católica, preparando um caminho para a unidade de todas as Igrejas cristãs. Por isso, chamou o Concílio de "ecumênico" e convocou observadores das outras Igrejas, os quais deram contribuições muito valiosas. A melhor maneira que se encontrou para buscar a unidade era a "volta às fontes". No que diz respeito à liturgia, mais de sessenta anos de movimento litúrgico, bíblico e ecumênico, com sérias pesquisas históricas, bíblicas, patrísticas e estudos teológico-litúrgicos estavam possibilitando essa reflexão sobre a Tradição litúrgica comum a todas as Igrejas. A preocupação era com a fidelidade ao mandamento de Jesus Cristo.

1. O sujeito da ação eucarística é a comunidade eclesial, povo sacerdotal

Quem celebra a eucaristia?

As ações litúrgicas não são ações privadas, mas celebrações da Igreja, que é o "sacramento da unidade", isto é, o povo santo, unido e ordenado sob a direção dos bispos. Por isso, as celebrações pertencem a todo o corpo da Igreja, e o manifestam e afetam [...] (SC 26).

Deseja ardentemente a mãe Igreja que todos os fiéis sejam levados àquela plena, cônscia e ativa participação que a própria natureza da liturgia exige e à qual, por força do batismo, o povo cristão, "geração escolhida, sacerdócio real, gente santa, povo de conquista" (1Pd 2,9; cf. 2,4-5) tem direito e obrigação (SC 14).

Portanto, quem celebra a eucaristia é a comunidade eclesial, o povo de Deus reunido em assembléia local. A base teológica está na participação no sacerdócio de Cristo pelo sacramento do batismo. Nele somos um povo sacerdotal. Usando uma imagem cara a são Paulo, a comunidade eclesial é o Corpo de Cristo, indissoluvelmente unida a ele, que é a Cabeça desse "corpo", na unidade do Espírito Santo. Outra imagem que expressa a estreita relação entre Cristo e sua Igreja é a imagem da relação entre esposo e esposa; trata-se de uma relação mística, mais que institucional. E é celebrando a eucaristia, "sacramento da unidade" (termo retomado da patrística e que volta com insistência na reforma eucarística conciliar), que se expressa e se aperfeiçoa o ser da Igreja. É famosa a afirmação: a Igreja realiza a eucaristia e a eucaristia realiza a Igreja.

Isso implica diretamente uma mudança da relação povo/clero na celebração da eucaristia. Até o Concílio, o padre (o "sacerdote") *celebrava* a missa *para* o povo; o povo assistia, mudo, recolhido em suas devoções particulares, cada um(a) por si. Na perspectiva do Concílio, o padre *serve* a um povo, todo ele sacerdotal; *preside* uma assembléia celebrante. Seu sacerdócio, ministerial, não está acima do sacerdócio da comunidade, mas a serviço dele. O sacerdócio dos batizados não se origina do sacerdócio ministerial; ambos derivam do mesmo e único sacerdócio de Jesus Cristo.

Por isso, todo o povo sacerdotal, unido a Cristo, no Espírito Santo, realiza o memorial, alimentando-se da Palavra de Deus, orando em comunidade, dando graças, oferecendo o sacrifício de louvor, comungando da mesa do Senhor... A SC 48 insiste: "...aprendam a oferecer-se a si próprios oferecendo a hóstia imaculada [o próprio Cristo], não só pelas mãos do sacerdote, mas juntamente com ele...". Eis a grande novidade!

No entanto, a assembléia não deixa de ser hierarquicamente constituída, organizada: além dos ministros ordenados que presidem a Eucaristia, há os leitores, cantores, instrumentistas, acólitos, "comentaristas"... que todos são agora considerados verdadeiros ministérios litúrgicos a serviço da assembléia (SC 29). Cada qual assume sua função específica, como as várias partes num corpo humano (SC 28).

A palavra-chave que aparece umas cinqüenta vezes ao longo da SC é "participação" de todo o povo na liturgia. Entendida em sentido teológico, participação é comunhão em Cristo, participação em sua missão messiânica, em sua morte e ressurreição, em sua relação com o Pai, no Espírito Santo, e isso pela participação nos sinais sensíveis, pela participação nas ações rituais. Para que seja um ato verdadeiramente humano, tal participação há de ser também "consciente". Daí a necessidade de formação litúrgica de todo o povo de Deus, *para que não assistam como estranhos ou espectadores mudos...* (cf. SC 47), mas como agentes, sujeitos da ação eucarística.

Quais são as mudanças que tais afirmações teológicas trazem para a maneira de celebrar a eucaristia? Apontemos as mais significativas, realizadas ao longo da reforma litúrgica conciliar:

- O altar é afastado da parede e o padre celebra de frente para o povo.
- O banco de comunhão que separava o povo do presbitério e do altar é tirado.
- Além do presidente, a assembléia eucarística conta com o ministério de leitores, acólitos, cantores, instrumentistas, equipe de acolhimento...
- Os ritos iniciais são reformulados em vista de sua nova função: constituir a assembléia litúrgica, formar o "corpo comunitário" celebrante; o rito penitencial deixa seu caráter devocional e se torna rito comunitário.
- O latim é substituído pela língua de cada povo; fala-se na necessidade de se usar uma linguagem (verbal, gestual, musical...) na cultura da comunidade celebrante.
- O povo todo se encarrega das respostas no diálogo com o presidente, que antes eram ditas só pelos coroinhas.
- A maioria dos cantos é cantada por todos (não mais só pelo coral), na língua do povo; nascem novos repertórios.

- O padre não repete ou lê individualmente os cantos entoados pelo coro e pelo povo; canta junto com a assembléia.
- As oferendas (pão, vinho, coleta de dinheiro...) são trazidas pelo povo, ou por alguns de seus membros.
- A oração eucarística é dita pelo presidente em voz alta para o povo poder participar, enquanto antes cada qual acompanhava essa oração em silêncio, numa atitude de devoção e reverência ao santíssimo sacramento, cada um por si. O povo intervém com as respostas e aclamações. O "Amém" final da oração eucarística ganha destaque, como ratificação da oração presidencial pela assembléia.
- Na oração eucarística, há uma "epiclese de comunhão", invocando a vinda do Espírito Santo sobre a comunidade reunida, para que se torne sempre mais corpo de Cristo ao participar da mesa do Senhor. Principalmente na epiclese da Oração Eucarística n. 2 aparece claramente a ligação estreita entre a comunhão sacramental, o Espírito Santo e o dom da unidade: "E nós vos suplicamos que, participando do Corpo e Sangue de Cristo, sejamos reunidos pelo Espírito Santo num só corpo".
- É reintroduzido o abraço da paz e a fração do pão, expressando a relação que existe entre o corpo de Cristo que se recebe no pão e no vinho e o corpo de Cristo que é a comunidade eclesial. Em 1Cor 10,16-17, Paulo estabelece a relação entre o comer juntos o pão partido e a unidade da comunidade como corpo de Cristo; inclui nessa relação também o cálice de bênção: "O cálice de bênção que abençoamos não é comunhão com o sangue de Cristo? O pão que partimos não é comunhão com o corpo de Cristo? Já que há um único pão, nós, embora muitos, somos um só corpo, visto que todos participamos desse único pão".

- A comunhão não é uma ação intimista, devocional, cada um rezando individualmente, com o rosto entre as mãos; é uma ação comunitária: todos caminham em procissão, cantando juntos, expressando sua "comum-união" em Cristo; continuam cantando, inclusive, depois de ter recebido o pão e o vinho consagrados.

- Podemos apontar ainda a reintrodução da concelebração eucarística: vários padres celebram juntos a mesma eucaristia, em vez de cada um celebrar individualmente, na mesma igreja, em altares diferentes, como era o costume antes do Concílio. Na tradição das Igrejas do Oriente, a concelebração expressa a unidade da Igreja; é o bispo quem preside, e todos os padres presentes concelebram. Na tradição das Igrejas do Ocidente, a concelebração tem o intuito de expressar a unidade do sacerdócio.

2. A ação eucarística consiste em comer e beber juntos em ação de graças

Na renovação conciliar, redescobrimos a eucaristia como *ação*. Em que consiste a ação eucarística? É preciso voltar ao mandamento do Senhor, referido por Paulo e Lucas: "Façam isto para celebrar a minha memória!". Nessa frase vêm indicados tanto o sentido da ação (para celebrar a memória de Jesus) como a própria ação (façam isto). É preciso fazer o que Jesus fez na última ceia: tomou o pão, depois tomou também o vinho, deu graças, partiu e deu a seus discípulos, dizendo... Dessa forma, encontramos a estrutura básica da liturgia eucarística:

a) preparação das oferendas (preparar a mesa, trazer o pão e o vinho, que são símbolos de nossas vidas);

b) oração eucarística (que é ao mesmo tempo ação de graças e oferta — em outras palavras: sacrifício de louvor);

c) fração do pão e comunhão (que é participação naquilo que foi proclamado na ação de graças, ou seja, participação na morte–ressurreição do Senhor, participação em seu mistério pascal).

Quais são as mudanças que essas afirmações teológicas trazem para a maneira de celebrar a eucaristia? Apontemos as mais significativas, realizadas ao longo da reforma litúrgica conciliar:

- É preciso distinguir: *apresentação* das oferendas (trazendo pão e vinho) e a oferta de fato na oração eucarística ("Nós vos oferecemos, ó Pai, o pão da vida e o cálice da salvação..."). A primeira é simples preparação para a oferta que vem depois.

- A Igreja sempre se preocupou com a fidelidade à fala de Jesus na última ceia. Jesus deu graças; pronunciou a bênção da mesa sobre o pão e o vinho. Por isso, é toda a prece eucarística — a grande ação de graças — que deve ser considerada, e não somente a narrativa da última ceia.

- O gesto da "fração do pão" é um gesto constitutivo da eucaristia, deixado por Jesus; por si só, o nome "fração do pão" designava a eucaristia nas comunidades primitivas (cf. At 2,46; 20,7). O gesto exige que se use pão que possa ser partido e repartido entre todos.

- O ato de comungar é parte integral da celebração. Todos participam da eucaristia, comendo do pão e bebendo do vinho "eucaristizados", sobre os quais foi pronunciada a bênção eucarística, segundo a tradição que nos vem do Senhor.

- A comunhão é real; trata-se de comer (e beber) em união espiritual com o Senhor.

- O povo — e não somente o padre — comunga durante a missa, e não antes ou depois, como era costume antes do Concílio.

- Progressivamente é reintroduzida a comunhão "nas duas espécies" para todo o povo, isto é, no pão e também no vinho (bebendo do cálice ou molhando o pão no cálice com vinho).
- A atitude para receber a comunhão: não mais de joelhos (no "banco de comunhão" que separava o presbitério e a nave da igreja), mas de pé (em atitude de ressurreição, de caminhada, de compromisso). Todo mundo responde "Amém" ao receber o pão e o vinho consagrados.
- A comunhão pode ser recebida na mão e não necessariamente na boca.

3. A eucaristia é celebração do mistério pascal, memorial da morte e ressurreição do Senhor

A aclamação memorial indica o sentido central da ação eucarística: "Eis o mistério de nossa fé! Anunciamos, Senhor, a vossa morte e proclamamos a vossa ressurreição. Vinde, Senhor Jesus!". Pela ação de graças pronunciada sobre o pão e sobre o cálice com vinho (que depois serão repartidos entre todos), atualizamos ritualmente, trazemos presente, simbólico-sacramentalmente, a vitória e o triunfo da morte de Jesus, até que ele venha. Aquilo que aconteceu uma vez por todas na última ceia e na morte de Jesus na cruz, acontece hoje para nós, em mistério, no sacramento, toda vez que realizamos, como corpo eclesial, a ação eucarística, pela força do Espírito Santo que invocamos sobre o pão e o vinho, assim como sobre a comunidade reunida.

Participando, somos associados à morte–ressurreição de Jesus. Por ele, com ele e nele, nossas vidas e a vida do mundo são entregues juntamente com a entrega confiante que Jesus faz de sua vida (até a morte) nas mãos do Pai, para termos parte em sua ressurreição. Em Cristo, todas as nossas "mortes" são chamadas à transformação pascal. Por isso, "...a Igreja nunca deixou de reunir-se para celebrar o mistério pascal..." (SC 6). Pela ação memorial, a eucaristia é ação do próprio

Cristo Glorificado, presente e atuante com seu Espírito na comunidade reunida, fazendo-nos passar da morte para a vida.

No entanto, é importante notar a dimensão escatológica. Na Eucaristia, Cristo está presente, mas ao mesmo tempo continuamos aguardando "até que ele venha", até que a morte seja vencida pela vida, até que o Reino de Deus seja plenamente estabelecido sobre toda realidade. Assim, eucaristia é também sacramento do Reino de Deus.

Na época, foi uma grande novidade usar o termo "mistério pascal" como conceito fundamental para a eucaristia. Lembra-nos Vagaggini que muitos padres conciliares estranharam isso, porque somente a paixão e morte de Jesus eram considerados "meritórios" da graça da salvação. E se formos perguntar à maioria dos "participantes" de nossas assembléias eucarísticas a que se referem as palavras "Eis o mistério de nossa fé!", muitos irão responder que se trata da transformação do pão e do vinho no corpo e sangue de Cristo... Não associam eucaristia com o mistério da Páscoa.

Quais são as mudanças que essas afirmações teológicas trazem para a maneira de celebrar a eucaristia? Apontemos as mais significativas, realizadas ao longo da reforma litúrgica conciliar:

- A celebração eucarística mais importante é a missa dominical. É celebração do mistério pascal, mistério de nossa fé, no dia da ressurreição do Senhor. É expressão culminante de toda a vida cristã, no gozo da alegria pascal e no desejo ardente de ver o Reino realizado. Por isso, deve receber um destaque em relação à celebração de outras missas em outras ocasiões.

- No centro da oração eucarística, foi introduzida a aclamação memorial "Eis o mistério da fé! Anunciamos Senhor..." (ou outra semelhante).

- Na oração eucarística temos agora uma invocação (*epiclese*) implorando a atuação transformadora do Espírito Santo sobre o pão e o vinho: "Santificai, pois, estas oferendas, derramando sobre elas o vosso Espírito Santo, a fim de que se tornem para nós o Corpo e o Sangue de nosso Senhor Jesus Cristo". Outra invocação (*epiclese*), após a narrativa da instituição e a aclamação memorial, implora a atuação transformadora do Espírito Santo sobre a comunidade que irá se alimentar do Pão e do Vinho.

- Foi eliminada a elevação da hóstia e do cálice no momento da narrativa da última ceia (a assim chamada "consagração"), até então considerada um dos pontos altos para a devoção do povo. Também não há mais elevação na preparação das oferendas (porque não se trata de uma oferta). A única elevação é agora no final da oração eucarística, quando se proclama "Por Cristo, com Cristo e em Cristo... Amém". Nesse gesto culmina toda a oração eucarística, como oferta de louvor.

- Há uma relação estreita entre oração eucarística e a fração do pão e a distribuição da sagrada comunhão; por isso, devemos comungar do pão (e do vinho) consagrado na própria missa e não com hóstias tiradas do sacrário (a não ser em casos excepcionais): "Vivamente recomenda-se aquela participação mais perfeita na missa, pela qual os fiéis [...] comungam do Corpo do Senhor do mesmo sacrifício" (SC 55).

É muito recomendável que os fiéis recebam o Corpo do Senhor com pão consagrado na mesma missa e, nos casos previstos, participem do cálice, para que assim também através dos sinais a comunhão melhor apareça como participação do sacrifício que se está efetivamente celebrando" (*Instrução Geral sobre o Novo Missal Romano*, 1969, n. 56h; cf. 3. ed. do Missal, n. 85).

- Não se deve celebrar a eucaristia "com o Santíssimo exposto", como se fazia antes do Concílio. Também não faz sentido dar a bênção com o Santíssimo Sacramento no final da missa; a maior "bênção" é a própria celebração da eucaristia, com a comunhão eucarística. Bênção com o Santíssimo é considerado "culto eucarístico fora da missa", assim como a hora santa de adoração.

4. Liturgia da Palavra e liturgia eucarística formam um só ato de culto

A renovação conciliar recolocou a Sagrada Escritura no seu devido lugar nas celebrações litúrgicas. No n. 24 lembra sua "máxima importância"; direta ou indiretamente está presente nas leituras, na homilia, nos salmos, nas preces, orações e hinos, nos gestos e ações simbólicas. O n. 35 pede uma ampliação das partes da Sagrada Escritura lida principalmente nas liturgias dominicais.

O Concílio acentua principalmente o nexo entre palavra e sacramento e, dessa forma, dá um enorme passo em direção às Igrejas da Reforma Protestante. Todos os sacramentos são "sacramentos da fé" (SC 59); a fé supõe escuta da Palavra. Mais especificamente da missa, diz-se que "... a liturgia da Palavra e a liturgia eucarística estão tão estreitamente unidas que formam um único ato de culto" (SC 56). Devemos entender isso na perspectiva da celebração da aliança: a liturgia da Palavra é o momento do diálogo, do contrato da aliança, que será selado a seguir na liturgia eucarística, a qual é o rito da nova aliança.

A liturgia da Palavra deixa de ser uma preparação catequética para assumir característica sacramental: Cristo está presente pela sua palavra "... pois é ele mesmo que fala quando se lêem as Sagradas Escrituras na igreja..." (SC 7). Por isso, fala-se da "mesa da Palavra de Deus", ricamente preparada para alimentar o povo de Deus (SC 51), assim como se alimenta da mesa eucarística.

Quais são as mudanças que essas afirmações teológicas trazem para a maneira de celebrar a eucaristia? Apontemos as mais significativas, realizadas ao longo da reforma litúrgica conciliar:

- Devemos participar de toda a missa (SC 56). (Lembremos que, anteriormente ao Concílio, bastava chegar antes do "ofertório" para cumprir o preceito dominical.)

- Volta o salmo responsorial; volta a homilia, obrigatória aos domingos e dias de festa (no lugar do sermão); voltam também as preces dos fiéis.

- A homilia faz o gancho entre leituras bíblicas e a vida, mas também entre as leituras e a liturgia eucarística, na qual se celebra o mistério de Cristo ao longo de todo o ano litúrgico.

- Reaparece o ambão, ou estante da Palavra, de onde é anunciada a Palavra de Deus nas leituras, no salmo, na homilia, e de onde se fazem também as preces e o "Exulte..." da vigília pascal.

- Redescobre-se a relação do prefácio e do canto de comunhão com o evangelho do dia.[2]

CONFRONTANDO COM NOSSA PRÁTICA

De nada adianta conhecer a teologia da eucaristia e as exigências celebrativas que dela decorrem, se isso não nos leva a uma nova prática. Por isso, vai aqui a sugestão: confrontem o que foi dito neste texto com a prática de sua comunidade.

Em que pé estamos? O que já assimilamos da teologia e da prática do Concílio, e o que não? Que providências vamos tomar para adiantar o passo?

---

[2] Cf. Luís Maldonado. *A homilia:* pregação, liturgia, comunidade. São Paulo, Paulus, 1997. pp. 101-137. (Col. Liturgia e Teologia.)

BIBLIOGRAFIA CONSULTADA

ALDAZÁBAL, J. A Eucaristia. In: BOROBIO, Dionísio (dir.). *A celebração na Igreja*. v. 2, Sacramentos. São Paulo, Loyola, 1988. pp. 145-357.

CONGAR, Yves. L' "Ecclesia", ou communauté chrétienne, sujet intégral de l'action liturgique. In: JOSSUA, J.-P. & CONGAR, Y. *La liturgie après Vatican II;* bilan, études, prospective. Paris, Éd. du Cerf, 1967, Coll. "Unam sanctam", 66, pp. 241-82.

DE CLERCK, Paul. Adoration eucharistique et vigilance théologique. *LMD,* Paris, 225:65-79, 2001/1.

MAZZA, Enrico. *L'Action Eucharistique;* origine, développement, interprétation. Paris, Cerf, 1999. (Título original: L'eucaristia nella storia; genese del rito e sviluppo dell' interpretatione, 1996).

POWER, David. *The Eucharistic Mystery;* Revitalizing the Tradition. Dublin, Gill and Macmillan, 1992.

VISENTIN, P. (Eucaristia:) Mistero unico e totale: sacrificio – comunione – presenza. In: *Culmen et Fons;* raccolta di studi di liturgia e spiritualità. v. 1 Mysterium Christi ab ecclesia celebratum. Padova, Edizioni Messagero Padova, 1987 (Caro Salutis Cardo, Studi, 3), pp. 126-141.

VAGAGGINI, C. Vista panorâmica sobre a Constituição Litúrgica. In: BARAÚNA, G. (ed.) *A Sagrada Liturgia renovada pelo Concílio*: estudos e comentários em torno da Constituição Litúrgica do Concílio Vaticano II. Petrópolis, Vozes, 1964. pp. 127-167.

SUMÁRIO

Siglas usadas 6
Prefácio de Dom Clemente Isnard 7
Introdução à primeira edição de 1997 11
Introdução à edição de 2004, revista e atualizada 19

1. PARTICIPEM COM O CORPO, A MENTE
   E O CORAÇÃO 27
   1. A missa hoje na América Latina e no Brasil 27
   2. A missa nas CEBs 28
   3. Um novo olhar 30
   4. A missa, uma ação simbólica 31
   5. A missa como ação ritual 32
   6. O corpo na missa 34

2. RITOS INICIAIS, RITOS DE ACOLHIDA 41
    7. "Vou à missa!" 41
    8. Um corpo comunitário 42
    9. Um corpo ressuscitado 44
    10. Acolhendo, somos acolhidos 45

3. LITURGIA DA PALAVRA, DIÁLOGO DA ALIANÇA 53
    11. É Cristo quem fala 53
    12. Fala, Senhor, fala da vida! 54
    13. Escolhidas a dedo... 56
    14. O que de mim está escrito nos salmos... 57
    15. O ponto alto da liturgia da Palavra 58
    16. Leitura orante da Bíblia na liturgia 60
    17. Uma conversa familiar 62
    18. Senhor, escutai a nossa prece! 63
    19. Falar sem palavras 64

4. DUAS MESAS 77
    20. Dois momentos 77
    21. Dois momentos, um só encontro 78

5. LITURGIA EUCARÍSTICA, CEIA DO SENHOR 81
    22. Na noite em que ia ser entregue... 81
    23. Projeto de uma nova sociedade 83

24. Fazer aliança com a causa do oprimido 84
25. Sentou-se à mesa com eles 85
26. Comemos e bebemos com ele 86
27. Façam isso em memória de mim! 88
28. Consagração 89
    A. Preparação das oferendas 91
29. Bendito seja Deus pelo pão e pelo vinho... 92
30. Quem disse que não somos nada? 93
    B. Oração Eucarística 99
31. Demos graças ao Senhor nosso Deus! 99
32. Um brinde para Deus Pai 100
33. Quem preside? 102
34. Concelebração 104
35. Um "cânon" para o presidente 106
36. Oração eucarística I, II, III e IV 108
37. Oração eucarística V e orações eucarísticas para missas com crianças e sobre reconciliação 110
38. Orações eucarísticas para diversas circunstâncias 111
39. Saibam discernir: critérios para escolha da oração eucarística 113
40. Exultação! 114
41. Motivos de sobra para agradecer! 116
42. Santo é o Senhor! Hosana! 117

43. Mandai, Senhor, o vosso Espírito Santo! 119
44. A narrativa da instituição: uma proposta
    ritual confusa 120
45. Eis o mistério da fé! 122
46. Nós vos oferecemos, ó Pai... 124
47. Lembrai-vos, ó Pai... 125
48. Ele merece! 126
49. As aclamações da assembléia 128
   C. Ritos de comunhão 131
50. Felizes os convidados para a ceia do Senhor! 131
51. Pai-nosso! 132
52. Dai-nos a paz! 134
53. Vamos partir o pão? 135
54. Tomai e comei, tomai e bebei todos 138
55. Provem e vejam como o Senhor é bom! 140
56. Comunhão para todos? 142

6. RITOS FINAIS 147
   57. O Senhor os acompanhe na missão 147

7. "A LITURGIA EUCARÍSTICA DE LIMA":
   UMA CELEBRAÇÃO ECUMÊNICA 151
   58. Celebrando juntos a eucaristia, mistério de unidade 151

Anexo
EUCARISTIA: UMA NOVA PRÁTICA
E UMA NOVA TEOLOGIA 155

Bibliografia consultada 167

Impresso na gráfica da
Pia Sociedade Filhas de São Paulo
Via Raposo Tavares, km 19,145
05577-300 - São Paulo, SP - Brasil - 2016